실 전 골 프
패러다임의 혁명

오른팔 스윙
10주 완성

오른팔 스윙 10주 완성

2012년 2월 10일 1판 1쇄 인쇄
2012년 2월 15일 1판 1쇄 발행

지은이 | 김명선
펴낸이 | 이종춘
펴낸곳 |  성안당
주   소 | 경기도 파주시 문발로 112
전   화 | 031-955-0511
팩   스 | 031-955-0510
등   록 | 1973. 2. 1. 제13-12호
홈페이지 | www.cyber.co.kr

ISBN 978-89-315-7560-6 (13690)
정가 15,000원

이 책을 만든 사람들
진행 | 김중락
교정 | 신정진
표지·편집 디자인 | 디자인허브
홍보 | 정창용
제작 | 구본철

BM 성안당

골프 장비 변화에 따른
오른팔 스윙 배워 보기

이 책은 대학에서 한 학기 동안 골프 교양, 전공 수업으로 실시하는 15주 훈련 프로그램을 10주로 단축시켜 핵심적인 내용으로 구성되어 있다. 골프를 처음 접하는 사람들이 빠른 시간 내에 초보에서 탈출할 수 있도록 기본적인 테크닉을 쉽게 가르쳐 주고, 초보자뿐만 아니라 긴 비거리를 열망하는 중·상급자 골퍼에게도 큰 도움이 되는 책이다. 책에서는 파워 스윙을 완성하는 데 필요한 핵심 요소를 어드레스, 백스윙, 다운스윙, 피니시 네 가지로 정리하여 따라 하기 쉽게 가르쳐 준다.

현재 골프 트레이닝, 스윙 방법 등에 관한 좋은 책들이 국내서, 번역

서를 가리지 않고 많이 출간되어 있다. 하지만 최신 골프 장비에 맞는 골프 스윙 방법을 제시한 책은 아직까지 없었다. 현대 골프 장비는 골프 클럽 헤드가 커지고 샤프트의 탄력이 좋아져 비거리와 방향성이 더욱 좋아졌는데, 아직까지 많은 사람들의 스윙 메커니즘은 발전하지 못하고 있다. 즉, 과거에는 하체의 움직임을 많이 활용한 왼팔 스윙이 주류였다면, 지금은 골프 클럽의 효과를 최대한 발휘할 수 있는 오른팔 스윙이 더 효과적인 스윙 방법이라고 할 수 있다. 이 책을 통해 최신 장비에 맞지 않는 잘못된 고정 관념을 바꾸고, 치기 쉬우며 몸이 편한 오른팔 스윙을 배워 보자.

책에서는 이제껏 다른 책들이 간과했던 골프 장비 발달에 따른 골프 스윙의 변화를 제시하고 최신 장비에 가장 효과적인 오른팔 스윙 방법을 10주 프로그램으로 제안한다. 처음 골프를 접하는 왕초보도 오른팔 스윙을 쉽게 터득할 수 있을 뿐만 아니라 골프 코스에 나갈 수 있는 모든 준비를 갖출 수 있을 것이다. 또 골프는 어렵고 배우는 데 오랜 시간이 걸린다는 고정 관념 때문에 골프를 포기했거나, 현대 장비에 맞지 않는 스윙으로 부상을 당했거나, 골프 실력이 늘지 않아 흥미를 잃은 모든 골퍼에게 단기간 내에 실력을 향상시켜 줄 좋은 지침서가 될 것이다.

김명선

추천글

right swing

이 책을 선택한 독자 여러분!

골프라는 스포츠를 새롭게 배우려는 용기에 박수를 보냅니다. 이 책을 읽는다는 것은 저자가 가지고 있는 골프의 모든 노하우를 배우겠다는 것과 마찬가지입니다. 약 15년 동안 저자를 지켜본 결과 학문에 임할 때나 시합에 나갈 때, 최고의 프로가 되고 최고의 지도자가 되기 위해 노력하는 모습은 정말 혀를 내두를 정도였습니다.

훌륭한 골프 지도자는 골프에 대한 기술을 갖춰야 하며 배우는 학생들의 눈높이에 맞춰 정확한 지식을 전달할 수 있어야 합니다. 그러기 위해서는 지도자와 학생 간의 의사소통이 잘 이루어져야 하겠죠. 저자는 훌륭한 지도자가 되기 위해 끊임없이 노력하고 연구해 왔으며, 지금도 골프를 즐기면서 골프 발전에 매진하는 모습이 다른 골프 지도자들과의 차이점입니다.

이 책에서는 골프 장비의 변화에 맞는 가장 쉬운 스윙 방법을 배울 수 있어 더 이상 골프로 인해 스트레스를 받지 않고 진정으로 골프를 즐길 수 있을 것이라 생각합니다. 이 책을 계기로 골프의 대중화와 건강한 골프 문화가 정착되길 기원하며, 책 출간을 진심으로 축하합니다.

백병주(한국대학골프연맹 회장. 용인대학교 골프학과 교수)

골프 클럽이 발전함에 따라 스윙도 그에 맞게 변화하는 것이 필요하다고 생각해 왔습니다. 저도 발전된 장비에 맞는 스윙을 실행하고 있으며, 이 책에서 배울 수 있는 오른팔 스윙을 적극 추천합니다. 오른팔 스윙을 바탕으로 골프를 즐겨 보면 이전보다 훨씬 더 많은 재미를 느낄 수 있을 것입니다.

허인회(프로 골퍼. 2008년 KPGA 투어 필로스 오픈 우승)

많은 프로 골퍼들이 공감하는 부분을 드디어 책으로 출간하는 것 같습니다. 투어 프로들의 스윙은 절대 어려운 스윙이 아니며, 많은 아마추어 골퍼들도 오른팔 스윙을 배워 보기를 적극 추천합니다. 여러분도 골프의 새로운 세계를 오른팔 스윙으로 경험하시기 바랍니다.

맹동섭(프로 골퍼. 2009년 KPGA 투어 조니워커블루라벨 오픈 우승)

이 책은 최신 장비에 적합한 골프 스윙 방법을 10주간의 프로그램을 통해 마스터할 수 있도록 가르쳐 주는 책입니다. 파워 스윙에 필요한 어드레스, 백스윙, 다운스윙, 피니시 등 네 가지 핵심 요소가 단계별로 사진과 함께 소개되고 있어 이 책을 따라가다 보면 처음 골프를 접하는 초보자들도 쉽고 빠르게 실력을 향상시킬 수 있을 것입니다. 골프는 어렵고 오랜 시간이 필요하다는 이유로 포기했거나, 실력이 늘지 않아 힘들어하는 골퍼들에게 이 책을 권합니다.

박영민(한국체대 골프부 지도교수)

퍼시몬 우드, 스틸 샤프트 시대의 클래식 스윙은 한마디로 체중 위주의 스윙을 통해 거리를 내는 방식이라 볼 수 있다. 흔히 '임팩트 때 클럽을 타깃 쪽으로 던져주라'고 얘기하는데 그렇게 '던져주는 릴리스'는 왼팔 스윙이다. 왼팔 스윙은 장비의 혜택이 시원치 않았던 시대에 거리를 내기 위한 스윙 방법이었다.

반면 하이테크 클럽 시대의 모던 스윙은 과도한 몸동작을 줄이고 몸 회전 위주로 휘두르는 '보디 턴' 스윙 형태이다. 양팔이 크고 길게 타깃 쪽으로 나가는 것이 아니라 몸을 그 자리에서 돌려주는 '보디 턴'만이 오른팔 스윙의 릴리스를 의미한다. 왼팔 스윙에서는 활동적인 하체의 쓰임을 볼 수 있으나 오른팔 스윙에서는 오른팔 리드의 '보디 턴'만이 스윙을 지배하기 때문에 하체의 움직임이 최소화된다. 즉, 왼팔 스윙은 '거리 위주의 스윙'으로 볼 수 있고, 오른팔 스윙은 '일관성과 정확성 위주의 스윙'으로 분석할 수 있다.

오른팔 스윙에서는 스윙의 길이보다 폭을 강조한다. 그전에는 백스윙 톱이 대체적으로 높은 편이어서 백스윙 톱에서 양손의 위치가 머리 위로 올라갈 정도였지만, 요즘은 백스윙의 높이가 많이 낮아졌다.

2000년대 PGA 프로들의 스윙을 보면 백스윙 톱에서 클럽 샤프트가 지면과 평행이 되지 않을 정도로 백스윙이 낮은데도 엄청난 장타를 치는 모습을 볼 수 있는데, 이것은 현대 장비의 장점을 잘 활용했기 때문이라고 할 수 있다.

스윙의 폭이란 것은 스윙을 정면에서 봤을 때 높게 들리며 급격한 각도로 내려오는 V자 모양의 스윙이 아닌, 양옆으로 넓게 올라가서 완만하게 내려오는 U자 모양의 스윙을 이야기하는 것이다. 이 U자 모양의 스윙을 효율적으로 하려면 왼쪽 어깨를 축으로 하는 큰 회전이 필요하다. 백스윙 톱에서 양손의 높이를 귀 부근 정도로 제한하고, 양손이 가슴으로부터 최대한 멀어지게 한다는 느낌으로 스윙을 하면 자연스럽게 어깨 턴을 극대화할 수가 있다.

왼팔 스윙을 하는 대표적인 프로 골퍼로는 잭 니클러스, 콜린 몽고메리, 존 데일리 등이 있고, 오른팔 스윙을 하는 대표적인 프로 골퍼로는 타이거 우즈, 앤서니 김, 패드릭 헤링턴 등이 있다. 클래식 스윙과 모던 스윙은 혼란의 문제가 아니라 '장비의 변화에 따른 순응의 문제'이다.

	왼팔 스윙(클래식 스윙)	오른팔 스윙(모던 스윙)
어드레스 모양(정면)	역K자 모양	Y자 모양
그립 잡는 요령	왼손에만 힘을 집중	왼손+오른손에 힘을 집중
테이크어웨이	몸과 클럽이 동시에 움직임	몸과 클럽이 순차적으로 움직임
백스윙 다리 동작	적극 사용(왼발이 들림)	고정시킴(왼발이 붙어 있음)
백스윙 톱	오버스윙	4/3 스윙
다운스윙 동작	왼팔 위주	오른팔 위주
다운스윙 궤도	In to Out 스윙 궤도	In to In 스윙 궤도
볼의 위치	클럽별 관계없이 한 곳에 고정	클럽별 볼의 위치가 바뀜
피니시	역C자형	I자형

차례

right
swing

Part 2 입문자를 위한 골프의 기본 … 96

13

rightswing

오른팔 스윙
10주 완성

Part

1

오른팔 스윙의 그립과 어드레스

🏌 스윙이란?

　오른팔 스윙을 배우기 앞서 스윙의 기본 원리에 대해 알아보자. 보통 '원리'라는 단어를 쓰면 어렵고 재미없는 것으로 생각하기 쉽지만 골프에서는 그렇지 않다. 다른 스포츠는 근력이나 유연성 등 신체적 능력이 기량을 좌우한다. 즉, 신체 조건과 힘이 좋은 사람이 유리하다는 얘기다. 그러나 골프에서만큼은 최홍만 스타일의 거구이든 체중 60kg의 왜소한 사람이든 체격에 상관없이 비슷한 능력을 발휘할 수 있다. 스윙 능력이 '힘'과 전혀 관계없는 것은 아니지만, 골프 클럽(골프채)을 다루는 노하우를 터득함으로써 부족한 힘을 얼마든지 보완하여 최소의 힘으로 최대의 효과를 발휘할 수 있기 때문이다.

- 날아가는 볼의 거리와 방향은 스윙이 결정한다.
- 날아가는 볼의 거리는 스윙의 파워에 따라 좌우되고 방향은 스윙 궤도에 좌우된다.

🏌 파워 스윙이란?

골프 클럽의 헤드를 빠르게 휘두르는 것을 파워 스윙이라고 한다. 클럽 헤드를 빠르게 휘두르면 볼이 멀리 날아가고, 느리게 휘두르면 짧게 날아간다. 클럽 헤드 스피드는 볼과 헤드가 접촉하는 순간(임팩트)의 스피드를 말하는데, 백스윙이나 다운스윙 초기의 볼을 치기 전 스피드와는 관계없이 볼과 헤드가 만나는 지점(임팩트 존)의 스피드가 빨라야 볼이 날아가는 거리가 길어진다는 것이다. 이와 같은 '순간 스피드'는 임팩트 존에서의 '가속 능력'을 뜻한다. 임팩트 순간 쭉 돌아 내려오는 클럽 헤드에 최대한의 가속도가 붙어야 최고의 스피드를 만들어 낼 수 있다.

임팩트 존에서의 가속 능력은 골퍼의 체격과 무관하다. 즉, 체중이 60kg인 사람이든 100kg인 사람이든 스윙 방법에 따라 순간 가속 능력을 비슷하게 낼 수 있다. 인간이 낼 수 있는 최대 헤드 스피드는 약 130마일(200km)이다. 150~200km의 헤드 스피드를 내야 장타를 칠 수 있는데, 신체 조건보다는 골프 장비의 올바른 활용 방법에 따라 더 근접하기 쉬워진다. 바로 이 점 때문에 골프에서만큼은 누구라도 '골리앗' 골퍼들과 거리를 겨룰 수 있다.

🏌 볼의 방향

볼의 방향은 더더욱 신체 조건과 무관하다. 이는 다운스윙 때 클럽 헤드가 똑바로 내려와 스퀘어하게 접촉되는 궤도에 따라 결정된다. 즉, 클럽 헤드의 궤도가 정석대로 가는지, 샛길로 빠지는지의 여부는 체격 조건의 좋고 나쁨과는 전혀 상관이 없는 것이다.

결론적으로, 골프 스윙은 동일한 조건에서 출발해 배우는 사람의 장비 활용 방법에 따라 모든 것이 결정된다고 할 수 있다. 골퍼 자신이 스윙 속성을 이해하고 제대로 배우면 누구든지 PGA 프로 못지않은 거리와 방향을 구축할 수 있지만, 골프 장비를 이해하지 않고 본인의 힘만 믿는다면 소위 '운동선수' 출신이라도 평범한 사람보다 못한 골퍼가 될 수 있다는 것을 명심하고 현대 장비에 맞는 오른팔 스윙을 배워 보자.

🏌 골프 스윙의 기본 중 기본, '그립'

그립은 클럽의 손잡이 부분을 말하지만 골프 기술에서는 '클럽을 쥐는 동작'을 뜻한다. 그립은 몸과 클럽을 연결해 주는 유일한 곳이며 모든 기술의 기초가 되는 아주 중요한 기본으로, 골프 스윙을 하는 데 그립 자체가 가장 큰 영향을 미친다.

01 그립을 쥘 때는 오른손으로 클럽을 고정시키고 왼손을 늘어트린다.

02 왼손 바닥을 쭉 펴고 왼손 새끼손가락 마디 끝에서 검지의 두 번째 마디에 샤프트(shaft : 클럽의 손잡이 부분)가 위치하도록 한다.

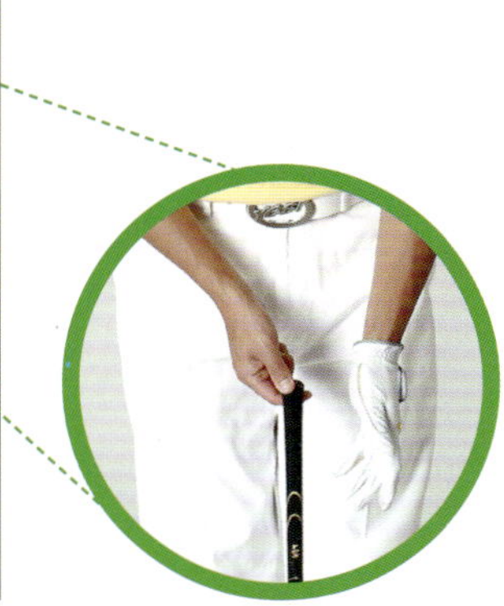

03 클럽을 쥐면서 왼손 엄지손가락은 샤프트의 바로 위에 놓고, 손가락 가운데로 꽉 눌러서 잡는다.

tip_ 손가락 끝만으로 샤프트를 누르면 안 되고, 엄지손가락의 마디에 있는 관절로 샤프트를 눌러야 한다.

04 오른손을 가볍게 왼손 위에 포개
어 잡는다. 이때 오른손 검지와 엄지를
고리 모양으로 해 샤프트를 잡는다.

tip_ 그립을 잡을 때 가장 많은 힘이 들어
가는 부분은 양 손바닥이 아니라 샤프트가
거쳐 가는 왼손 손가락과 오른손의 엄지,
검지 부분이다. 특히 오른손의 엄지와 검지
는 샷의 구질과 힘을 좌우하는 임팩트 순간
을 올바르게 가져가기 위한 포인트이다.

05 그립을 잡았을 때 오른손과 왼손
의 엄지, 검지가 이루는 V자 모양이 자
신의 오른쪽 어깨를 향하면 올바른 자
세이다.

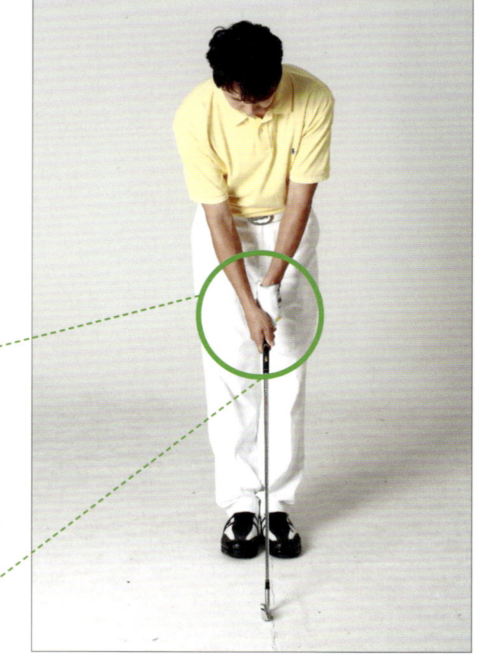

그립은 쥐는 방법 3가지와 손등 방향 3가지 유형이 있는데, 그 형태에 따라 베이스볼 그립, 오버래핑, 인터로킹 3가지로 나뉜다.

그립을 쥐는 3가지 방법

① 오버래핑 그립(overlapping grip)

바든 그립(vardon grip)이라고도 불리는 오버래핑 그립은 위대한 영국인 플레이어 해리 바든이 최초로 사용한 그립으로 많은 골퍼들이 일반적으로 사용하는 방법이다. 손이 크고 손가락이 긴 사람에게 유리하며 남, 여 프로들과 아마추어 골퍼들이 가장 선호하는 그립이다. 오른손의 견고함을 느끼기 편한 모양으로 오른팔 스윙의 대표적인 그립이다.

② 인터로킹 그립(interlocking grip)

손이 작고 손가락이 짧아 그립을 견고하게 잡지 못하는 여성이나 유소년(Youth)에게 적당한 방법으로 왼손 검지와 오른손 새끼손가락을 끼워 잡는다. 오른손가락을 힘없이 갖다 댄다는 느낌으로 잡는 왼팔 스윙의 대표적인 그립이다. 오른손에 힘이 약한 그립이라 일체감이 떨어지는 단점이 있다.

③ 베이스볼 그립(baseball grip)

야구 선수가 배트를 잡듯이 양손의 손가락이 겹치지 않도록 쥐는 그립을 말한다. 그립을 잡은 자세는 편하지만 볼을 칠 때 정교함이 떨어지는 단점이 있어 선호하지 않는 방법이다.

손등 방향에 의한 그립의 분류

① 스퀘어 그립(squre grip)

왼손 손등에 손마디가 2개 정도 보이고 양손이 서로 마주 보는 모양의 그립으로, 스트레이트 볼을 칠 때 가장 많이 선호하는 방법이다.

② 스트롱 그립(strong grip)

왼손 손등에 손마디가 3개 정도 보이도록 왼손을 돌려 잡는 그립으로, 오른손이 스퀘어보다 조금 오른쪽으로 돌려진다. 최근 강한 임팩트를 위해 흔히 사용하는 그립이다.

③ 위크 그립(weak grip)

일종의 슬라이스 그립이라고도 할 수 있다. 왼손 손등에 손마디가 1개 정도 보이면서 오른손을 왼쪽으로 많이 돌려 잡는 약한 그립으로, 슬라이스 볼을 구사할 때 주로 사용하며 일반적으로는 잘 사용하지 않는다.

Golf Knowhow 그립에서 주의할 점과 알아두어야 할 점

① 그립은 양 손가락 안에서 빈틈없이 꽉 쥐어야 한다.
② 스윙 중에는 어느 지점에서도 손 안에서 그립이 놀면 안 된다.
③ 힘을 빼기 위해 오른손을 엉성하게 잡아서는 절대로 안 된다.
④ 그립은 항상 꽉 쥐고, 손목에는 힘을 빼는 습관을 길러야 올바른 그립이 정립된다는 것을 명심해야 한다.

어드레스

볼을 치기 전 준비 과정 중 하나인 어드레스(address)는 방향과 정확성을 좌우하는 중요한 요소이다. 정확한 어드레스의 기본적인 자세는 스탠스(stance)로부터 출

발한다. 양발의 폭을 일컫는 스탠스는 클럽의 길이에 따라 조금씩 차이가 있지만, 클럽을 들고 볼을 앞에 뒀을 때 자신의 어깨너비만큼 벌리는 것이 가장 이상적이다.

01 먼저 오른손으로 클럽 페이스를 목표 방향에 맞추어 놓는다.

 주요 용어
- **어드레스(address)** : 공을 치기 전에 발 자세를 잡고 클럽을 땅에 댄 자세.
- **스탠스(stance)** : 공을 칠 때의 두 발의 위치나 벌린 너비.

02 클럽 페이스가 목표 방향을 보는 상태에서 왼손 그립을 잡고 무릎을 살짝 구부린다.

03 허리는 쭉 편 채 늘어뜨린 손이 좌우로 흔들릴 정도로 상체를 앞으로 기울인다.

tip_ 상체를 숙일 때 클럽 끝과 몸의 간격은 주먹 하나가 들어갈 정도로 하는 것이 적당하다.

04 클럽을 잡은 왼쪽 팔꿈치는 가볍게 뻗고, 오른쪽 팔꿈치는 가볍게 몸 가까이 붙이면 양발에 균등한 힘이 가해진다.

05 정면에서 봤을 때 오른쪽 어깨가 약간 처진 느낌이 드는 것이 올바른 자세이다.

🏌 바른 모양으로 그립을 잡아라

골프에서 그립은 클럽을 쥐는 기술을 말한다. 때문에 그립은 몸과 클럽을 연결하는 유일한 곳이며 향후 골프 실력의 발전에 가장 큰 기초가 되는 부분이다. 그립은 운동신경과는 관계없이 올바르게 잡기만 하면 되는데, 바른 모양으로 견고하게 잡은 그립이 미래의 실력을 좌우할 수 있다.

많은 골퍼들은 그립에 틈새가 생기는 실수를 종종 저지른다. 그립에 틈새가 있으면 임팩트 순간 손안에서 클럽이 돌아가기 때문에 정확한 임팩트가 어려워지므로 주의해야 한다. 정확한 임팩트는 그립을 빈틈없이 잡았을 때 일어나는 자연스러운 동작이다.

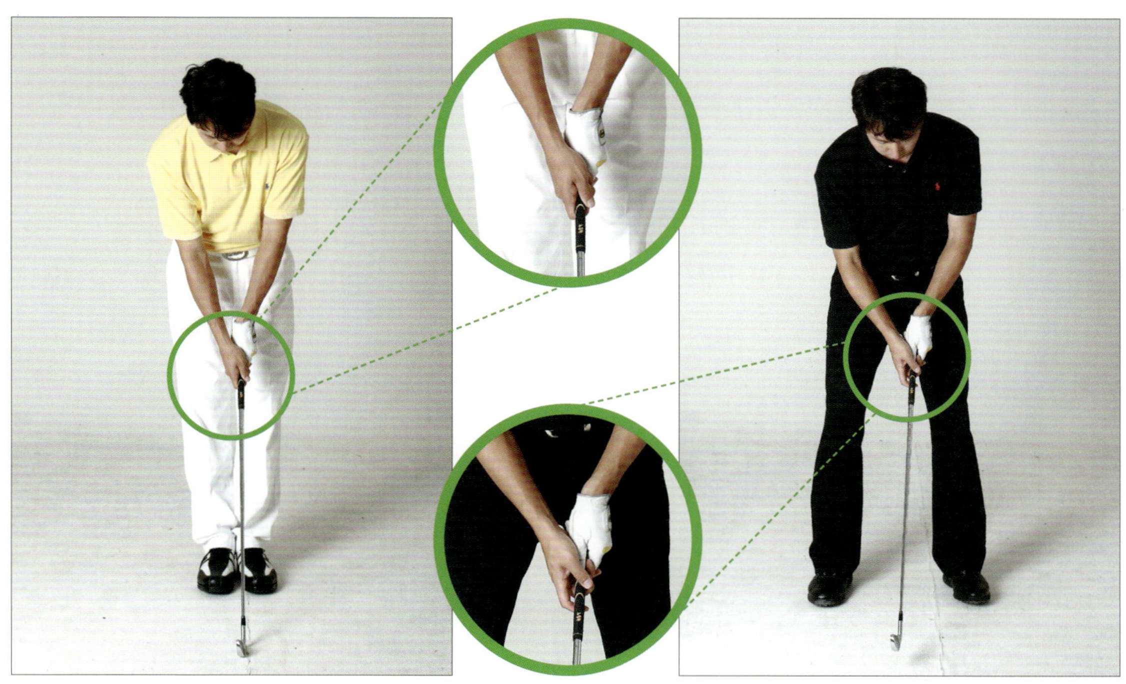

▲ 바른 자세　　　　　　　　　　　　　　　　▲ 나쁜 자세

　왜 그립을 잡으면 손목에 힘이 들어갈까? 이유는 간단하다. 그립을 잡을 때 손바닥으로 잡기 때문이다. 손바닥으로 그립을 잡으면 클럽 헤드 무게에 대한 감각이 떨어져 클럽 전체를 컨트롤하기 힘들어진다. 또한 손목에 생긴 긴장감이 팔과 어깨 그리고 온몸으로 퍼지기 때문에 결국 스윙 전 과정에 힘이 들어가 미스 샷이 나올 가능성이 높아진다. 그립을 손가락으로 잡으면 손목에 힘이 빠져 클럽 헤드의 무게를 더 잘 느낄 수 있고, 스트레이트 구질과 거리 등 실력을 충분히 발휘하게 된다. 올바른 그립은 오른팔 스윙의 기초이므로 기본자세가 몸에 자연스럽게 스며들 때까지 반복 연습하도록 한다.

tip_ 그립은 반드시 손바닥(palm)이 아니라 손가락(finger)으로 잡아야 한다.

🏌️ 현대 골프 장비 사용 시에는 스트롱 그립보다 스퀘어 그립이 좋다

　장타를 만들려면 스트롱 그립으로 치는 것이 좋다고 생각하는 골퍼가 많은데, 이는 현대 골프 장비의 특성을 고려하지 않은 잘못된 생각이다. 스트롱 그립을 하면 왼손에 힘이 들어가기 때문에 기존의 오래된 클럽 즉, 클럽 헤드가 작은 스틸 샤프트에서는 좋은 효과를 얻을 수 있지만 요즘처럼 클럽의 헤드가 크고 그라파이트 샤프트(graphite shaft)에서는 파워를 낭비하게 된다. 따라서 현대 골프 장비를 사용하는 골퍼는 왼손보다 오른손의 그립을 점검해야 하며, 스윙에서 오른손의 역할은 파워가 아닌 기술적인 면이 많다는 점을 기억하자.

tip_ 클럽의 종적 궤도가 아니라 횡적 궤도로의 스윙을 유도하는 것이 바로 오른손이다.

골프 주요 용어

- **그라파이트 샤프트(graphite shaft)** : 탄소 섬유인 카본을 한 번 더 고온에서 태운 그라파이트로 만든 손잡이.

자신에게 적합한 그립이란 손과 손목, 팔에 적당한 긴장을 유지할 수 있는 그립이다. 적합한 그립의 세기를 찾는 방법은 간단하다. 젖은 수건을 비틀어서 물기를 꽉 짠다는 느낌으로 양손의 그립을 감싸 주는 정도라면 이해하기 쉬울 것이다. 또 다른 방법으로 그립을 정교하게 두 손으로 잡은 상태에서 상대방에게 클럽 헤드를 비틀어 잡도록 한다. 상대방이 클럽 헤드를 좌우로 비틀었을 때 자신의 손과 클럽 헤드가 같은 방향으로 움직이면 적절한 그립과 그립 강도를 유지한 것이다. 만약 손이 움직이지 않고 그립이 손안에서 놀면 너무 약한 그립이고, 클럽 자체가 움직이지 않는다면 그립을 너무 세게 잡고 있는 것이다.

🏌 역K자가 아니라 Y자 어드레스를 해라

어드레스를 할 때 클럽 헤드보다 클럽을 잡은 두 손을 타깃 쪽으로 내미는 골퍼들이 많은데, 이런 역K자 어드레스에서는 두 가지 문제가 발생한다. 첫째, 왼쪽 어깨가 닫혀 상체가 타깃의 오른쪽으로 보이게 된다. 그러면 다운스윙이 인사이드~아웃으로 만들어져 슬라이스(slice)나 훅 샷(hook shot)이 나오는 원인이 된다.

둘째, 백스윙 때 손목의 코킹(cocking)을 빨리 시작하게 되어 스윙의 시작부터 팔과 클럽의 일체감이 없어져 정확한 임팩트 타점이 없어진다. 클럽, 샷의 종류와 상관없이 두 손의 위치가 허벅지 안쪽과 바지의 가운데 줄을 벗어나지 않는 것이 어드레스의 올바른 팔과 손의 위치라고 할 수 있다.

▲ 바른 자세

▲ 나쁜 자세

tip_ 아이언, 우드, 드라이버가 거의 같은 위치에서 Y자 어드레스를 하는 것이 오른팔 스윙의 초석이다.

🏌 척추의 각도가 일관적인 스윙을 만든다

체형에 관계없이 어드레스 때 척추가 앞으로 숙여진 각을 유지해야 바닥에 있는 볼을 칠 수 있다. 즉, 역도 선수가 바벨을 위로 들어올리기 직전처럼 엉덩이를 들어 어드레스를 해야 일관적인 스윙을 할 수 있는 것이다. 각도를 만든다고 무릎을 지나치게 구부려 발등보다 앞으로 튀어나올 정도로 엉거주춤한 자세를 취하는 것은 좋지 않다. 또 상체를 너무 많이 숙이고 무릎은 거의 구부리지 않는 자세도 좋지 않다.

양쪽 허리 부근에 양 팔꿈치를 살짝 대듯 팔을 약간 구부리면 좋은데, 이렇게 하면 팔과 몸통이 일체화되어 역동감 있는 스윙을 할 수 있다. 팔과 상체의 형태를 그대로 유지하면서 몸을 앞으로 조금 굽히면 자연스런 어드레스가 된다. 이런 이상적인 자세로 스윙을 시작하면 다른 어떤 조작이나 보완 동작이 필요치 않아 스윙이 간결해지고 쉬워진다. 어드레스 때 척추의 각도에 따라 스윙의 결과가 일정해진다는 것을 잊지 말고 연습해 보자.

> **골프** 주요 용어
> - **슬라이스**(slice) : 타구가 오른쪽으로 휘어져 나가는 일.
> - **훅 샷**(hook shot) : 타구가 왼쪽으로 휘어져 나가는 일.
> - **코킹**(cocking) : 손목을 위로 꺾기.

백스윙

🌱 처음 30cm가 가장 중요하다

골프에서는 스윙을 할 때 처음 30cm의 테이크 어웨이(take away) 순간 어떻게 움직이는가에 따라 샷의 결과가 결정된다. 클럽 페이스가 볼과 가능한 한 직각을 이루며 지면과 수평으로 뻗어 주어야 하는데, 대부분의 아마추어 골퍼들은 테이크 어웨이 순간에 클럽을 안쪽으로 끌어당기거나 너무 빨리 위로 들어 올려 각종 미스 샷을 유발시키곤 한다. 백스윙을 할 때 양쪽 팔꿈치, 양손, 클럽이 삼각형을 이루도록 어드레스 자세를 취한 후 이 삼각형을 그대로 유지하면서 백스윙을 시작해야 한다.

오른팔이 왼팔 위에 있는 모양으로 리드해 가면 자연히 삼각형도 쉽게 유지할 수 있고, 양 손목의 일체감도 느낄 수 있다. 이렇게 하면 백스윙 궤도가 정확하고 움직임이 안정되므로 임팩트 때 클럽 페이스가 볼을 직각으로 가격하게 된다. 많은 프로 골퍼들이 백스윙 시작 전에 클럽 페이스를 직각으로 빼는 연습을 반복해서 하는 이유가 바로 여기에 있다.

골프 주요 용어

- **테이크 어웨이(take away)** : 백스윙을 하기 위하여 클럽 헤드를 뒤쪽으로 천천히 움직이는 동작.

▲ 바른 자세

▲ 나쁜 자세

🏌 양손 그립의 악력이 균등해야 백스윙 아크가 크다

백스윙 때 왼손 그립에만 힘이 들어가면 오른팔이 몸에 밀착되어 백스윙 아크 (arc)가 작아진다. 인사이드로 들어간 클럽은 다운스윙 때 인사이드에서 아웃사이드로 나오며 들어 올리는 훅샷이 된다. 이 과정을 정면에서 보면 클럽보다 왼쪽 어깨가 먼저 움직이는 것을 알 수 있는데, 이는 백스윙이 잘못되었다는 증거이다. 양손 악력을 똑같이 잡아야 백스윙 때 몸의 축이 고정된 상태에서 클럽 헤드가 큰 아크를 그리게 된다.

골프 주요 용어
- **아크(arc)** : 스윙에서 클럽 헤드가 휘둘러지는 궤도.

▲ 바른 자세

▲ 나쁜 자세

🏌 왜글을 해야 힘이 빠진다

　백스윙에 들어가기 전 클럽 헤드를 좌우로 살짝 2~3번 움직여 보는 것을 왜글 (waggle)이라고 한다. 손목과 어깨에 힘을 빼는 것도 올바른 백스윙의 중요한 포인트인데, 이를 위해서 왜글이 효과적이다. 왜글을 하면 근육의 긴장이 풀려 헤드 무게를 느낄 수 있고, 스피드와 세기를 조절하는 감각이 좋아진다. 왜글을 상하로 하면 스윙의 올바른 감을 잡지 못하므로 왜글은 좌우로만 움직이도록 한다. 실전에서 티샷을 할 때 긴장이 고조될 경우, 헤드 무게를 느끼지 못할 경우, 공략이 머릿속에서 끝나지 않았을 경우 왜글을 통해 여유를 가질 수 있다. 국내·외 프로 선수들도 라운딩 때 백스윙 직전에 왜글을 습관처럼 하는 모습을 종종 볼 수 있다.

🏌 톱 스윙에서 왼팔과 척추는 T자가 되어야 한다

　일반 아마추어 골퍼들 중에는 톱 스윙(top swing) 단계에서 클럽이 지면과 평행이 되게 하려고 집착하는 경우가 있는데, 이는 각 골퍼들의 유연성 범위에서 자연스럽게 나타나는 자세로 받아들여야 한다. 백스윙 톱을 너무 의식하면 오버스윙을 하게 되고, 다운스윙 때 불규칙한 스윙 궤도로 이어지게 될 가능성이 높아진다. 다음과 같이 정면에서 보았을 때 클럽의 위치가 아니라 왼팔의 위치를 유심히 지켜볼 필요가 있다. 즉, 척추에 대하여 왼팔이 직각으로 T자 모양을 이루고 있어야 올바른 톱의 자세라고 할 수 있다. 이런 자세가 되면 클럽은 일관성 있는 다운스윙으로, 정확한 임팩트로 이어지게 된다.

　백스윙 때 척추의 각도를 유지하면서 클럽을 들어 올리지 말고 오른팔을 똑바로 뻗어야 올바른 톱 스윙(T자)이 되는 것이다. 백스윙 때 코킹을 지나치게 사용해 클럽을 안쪽으로 급하게 당기면 플라잉 엘보(flying elbow) 현상에 따른 여러 가지 실수가 발생한다.

🏌 현대 골프 장비에는 오른팔의 역할이 크다

많은 골퍼들이 테이크 어웨이 때 여러 가지 시도를 하지만 공통적으로 크게 두 가지로 나눌 수 있다. 첫째, 어드레스에서 후방으로 테이크 어웨이 했을 때 클럽 헤드의 토(toe) 부분이 하늘보다 오른쪽을 향할 경우 이는 전형적인 왼팔 리드의 모습으로 클럽 페이스가 열리는 백스윙이며, 이렇게 되면 인사이드(inside)로 빠지는

이 나온다.

둘째, 테이크 어웨이 때 클럽 헤드 페이스가 닫혀 있는 경우가 있는데 이것이 바로 오른팔 사용의 올바른 모양이다. 이렇게 양팔의 올바른 쓰임으로 백스윙하면 다운스윙 때도 올바른 동작으로 돌아오게 된다.

▲ 바른 자세

▲ 나쁜 자세

골프 주요 용어

- **플라잉 엘보(flying elbow)** : 톱 스윙에서 오른팔의 팔꿈치가 심하게 들리는 현상.
- **토(toe)** : 골프채의 끝 부분.
- **스윙 플레인(swing plane)** : 백스윙 때 스윙 수평면.

다운스윙

🏌 체중을 발끝에 실어라

아마추어 골퍼들은 다운스윙을 할 때 상체가 뒤로 쏠리는 모습을 종종 보이는데, 이는 미스 샷에 대한 불안감에서 나오는 동작이다. 그런 자세로는 클럽 헤드를 정확히 볼에 맞힐 수 없다. 클럽 페이스가 스퀘어(square)하게 들어가면 좋겠지만, 임팩트 때 상체가 뒤에 남아 있기 때문에 페이스는 닫히고 볼은 왼쪽으로 날아

▲ 바른 자세

▲ 나쁜 자세

가게 된다. 이것을 방지하기 위하여 다운스윙 때 체중을 발끝에 실리도록 하는 것이다. 실제로 다운스윙 때 발끝에 체중을 싣고 임팩트를 해 보면 몸이 뒤로 쏠리는 현상은 일어나지 않는다. 임팩트 때 체중이 발끝에 실리지 않으면 상체가 들리면서 톱 볼(top ball)을 치는 원인이 되기도 한다.

 주요 용어
- **톱 볼(top ball)** : 볼 윗부분을 쳐서 볼이 굴러가는 상황.

🏌 찍지 말고 휘둘러라

종전의 레슨에서는 다운스윙 때 그립 끝을 '볼을 향해 찍듯이 내려라'는 말을 많

▲ 바른 자세

▲ 나쁜 자세

이 들었을 것이다. 조금 구체적으로 설명하면 다운스윙 전반에서 코킹을 풀지 않고 임팩트 직전까지 끌고 가라는 뜻이다. 그러나 현대 골프 장비는 샤프트의 탄력이 좋아져서 그립 끝으로 볼을 향해 찍어 내리는 것이 아니라 볼을 향해 클럽 헤드를 휘두른다는 생각으로 다운스윙을 해야 클럽 헤드의 속도가 빨라진다.

이렇게 하면 손목이 풀려 느슨하게 임팩트 되는 것이 아니냐고 반문할 수 있지만, 다운스윙 때 실제로는 어느 정도 끌고 오는 자세로 휘두르게 된다. 헤드가 최고의 스피드를 내는 지점은 팔로 스루(follow through) 순간인데, 헤드를 가속시키려면 임팩트 후 헤드가 손을 추월할 수 있는 준비가 돼 있어야 한다.

🏌 좋은 릴리스를 위한 지름길은 오른팔의 회전

임팩트는 극히 짧은 순간(약 0.3초)에 일어나기 때문에 각 동작을 나눠서 분석하려고 해서는 안 된다. 그보다는 임팩트 후 양팔과 클럽을 어떤 모양으로 가져갈 것인가에 집중하는 것이 현실적이다. 비기너 골퍼는 임팩트에 집착하여 왼팔에 힘이 들어가는 경우가 많은데, 이렇게 하면 좋은 릴리스(release)를 보여 주기 어려우며, 팔로 스루 역시 부자연스러운 자세로 이어진다.

오른손에 골프채를 들고 하프 스윙을 흉내 내어 보면 왼팔의 움직임을 이해하기 쉽다. 즉, 다운스윙 때 왼팔에 힘을 빼면 자연스럽게 양손이 감기는 모양이 만들어진다. 임팩트 후 클럽 페이스를 직각으로 가져가기 위해서는 왼쪽 팔뚝의 회전 동작이 어떻게 되어야 하는지 파악할 수 있는 연습 방법이다. 실제로 스윙을 해보면 왼팔의 역할이 없어질수록 완벽한 릴리스가 만들어지는 것을 경험하게 된다.

🏌 임팩트는 만드는 것이 아니다

　임팩트는 다운스윙 때 휘두른 클럽이 볼에 맞는 순간을 말한다. 클럽에 볼을 맞히는 데 집착할수록 임팩트 단계에서 스윙이 멈추는 동작을 하기 쉽다. 즉, 팔로 스루에서 피니시(finish)까지 자연스럽게 이어지지 못하고 스윙이 멈춰 버리는 것이다. 스윙을 할 때 임팩트에만 집중하면 다운스윙의 단계에서 모든 파워를 다 사용하게 되므로 볼이 멀리 가지 않고 힘없이 휘게 된다. 다운스윙 스피드가 빠르기 때문에 '임팩트' 부분은 무시하는 편이 자연스러운 동작으로 연결하는 방법이다. 즉, 볼이 맞는 단계를 임팩트가 아닌 팔로 스루로 가는 과정이라고 생각하면 쉽게 이해할 수 있을 것이다.

 주요 용어

- **팔로 스루(follow through)** : 임팩트(볼을 치는 동작) 이후 클럽 헤드가 그대로 궤도를 그리며 움직이는 동작.
- **릴리스(release)** : 백스윙에서 축적된 에너지를 발산하는 일련의 동작으로 임팩트 이후에 양 손목이 감기는 모양이다.
- **피니시(finish)** : 스윙의 끝마무리 동작.

피니시

🏌 낮은 피니시를 만들어라

안정적인 피니시 자세를 유지하려고 노력하다 보면 백스윙, 톱 스윙, 다운스윙, 임팩트, 팔로 스로 등의 과정이 적절하게 조화를 이룬다. 그러나 이들 요소 중 어느 한곳에 무리한 힘을 가하거나 궤도에 맞지 않는 스윙을 한다면 올바른 피니시, 균형감 있는 피니시 자세를 유지할 수 없다. 간혹 "연습장에서 스윙할 때는 프로 수준인데 필드 티에 공만 올려놓으면 광분한다."라고 이야기하는 사람들이 있는데, 이것은 자신도 모르게 힘으로 공을 치는 습관 때문이다.

연습 때처럼 부드럽고 편한 스윙을 하면 안정적이고 균형 잡힌 피니시를 하기에 수월하다. 따라서 완벽한 마무리를 하려면 피니시 자세를 부드럽고 편하며 낮게 취해야 한다. 이 연습을 반복하면 누구나 필드에서도 흔들림 없이 직접 친 흰 공이 일직선으로 날아가는 모습을 멋진 피니시 자세로 지켜볼 수 있다.

역C자형이 아니라 I자형 피니시를 만들어라

　허리가 활처럼 휘어 역C자형 피니시를 만드는 것은 기존의 골프 이론에서 매우 중요한 요소로 여겨졌다. 이 동작을 추구한 이유는 임팩트 때 가능한 한 몸이 밀려 나가지 않고 체중을 최대한 왼팔에 실어 볼을 보내려는 의도였는데, 과거의 골프 장비는 기능이 떨어져 몸을 최대한으로 활용해야만 거리를 많이 낼 수 있었기 때문이다. 하지만 현대 장비는 기능이 향상되어 허리의 수평 회전만 해도 스피드를 높여 비거리가 늘게 되었고, I자형 피니시 자세를 취하면서 허리의 부담을 줄였다.

　I자형 피니시는 볼을 치고 난 후에도 머리가 뒤쪽에 남아 있는 것이 아니라, 머리도 자연스럽게 왼쪽으로 따라가는 자세를 의미하며 정면에서 봤을 때 머리와 왼발이 같은 선상에 위치해야 한다. 골프 황제 타이거 우즈를 비롯한 신세대 프로 골퍼들은 더 이상 역C자형 피니시란 구식 이론을 활용하지 않는다는 사실에 주목하자.

▲ 최근 선호하는 I자형 피니시 자세

▲ 과거에 선호했던 역C자형 피니시 자세

🏌 대담하게 휘두르자

아마추어 골퍼들이 긴장한 상태에서 자주 하는 행동으로, 임팩트 이후 왼쪽 팔꿈치를 당기는 모습을 종종 볼 수 있다. 즉, 임팩트 때 대담하게 휘두르지 못하여 임팩트 순간 커트 치기를 하는 결과로 이어지는 것이다. 신체의 좌측으로 대담하게 휘두른다는 것은 어떤 의미에서 대단히 두려운 동작인데, 그대로 가면 볼이 왼쪽으로 날아가고 말 것이라는 착각에 사로잡히기 때문이다. 물론 그것이 두려워서 왼쪽 팔꿈치를 당기면 슬라이스가 나게 되고, 체중을 오른발에 남겨 둔 채로 왼쪽 팔꿈치를 잡아당기면 훅이 나게 된다. 따라서 허리를 돌리며 열어 줘야 팔을 정면으로 뻗을 수 있고 제대로 휘두르는 샷이 나온다.

▲ 바른 자세

▲ 나쁜 자세

어프로치 샷

🏌 칩 샷과 피치 샷의 차이

어프로치 샷(approach shot) 중에서도 칩 샷(chip shot)과 피치 샷(pitch shot)은 그린 주변에서 쇼트 게임 능력으로 타수를 줄이기 위해 반드시 익혀야 할 중요한 골프 기술 중 하나이다. 칩 샷은 볼이 낮게 날아서 많이 구르고, 피치 샷은 볼이 높게 띄워져 적게 구른다는 차이가 있다.

골프 격언 중에는 "그린 주변에서 볼을 굴릴 수 있으면 퍼팅을 하고, 퍼팅을 할 수 없는 상황이면 칩 샷을 하고, 앞에 벙커나 나무와 같은 해저드를 넘겨야 하는 상황에서만 피치 샷을 하라."는 말이 있다. 이는 볼을 굴려서 보냈을 때 볼을 띄우는 것보다 훨씬 핀에 붙일 확률이 높다는 뜻이다. 쇼트 게임(short game)에서 타수를 줄이려는 주말 골퍼들이 그린 주변으로 샷을 하기 전에 반드시 상기해 볼 내용이다.

그렇다면 많은 아마추어 골퍼들이 칩 샷과 피치 샷에 대하여 가지고 있는 잘못된 고정 관념은 어떤 것이 있을까? 일반적인 칩 샷은 손목을 고정시키고 볼의 위치를 오른발에 두는 동작이다. 반면 피치 샷은 볼을 왼발 쪽에 두고 백스윙 때 손목을 급하게 꺾었다가 다운스윙 때는 손목을 펴면서 볼을 띄우는 동작이다. 하지만 오른팔 스윙에서는 손목 움직임과 볼의 위치를 변화시킬 필요가 없다. 즉, 오른팔 스윙에서 칩 샷과 피치 샷의 차이점은 백스윙 때 손목을 꺾느냐 고정시키느냐의 차이가 아니라, 어떤 클럽(로프트 각도)을 사용하느냐에 따라 볼이 낮게 가며 많이 구르기도 하고, 높이 떠서 구르지 않게 되기도 하는 것이다. 오른팔 스윙을 이용한 칩 샷과 피치 샷의 방법을 조금 더 살펴보자.

백스윙의 시작을 너무 가파르게 코킹하지 말고, 클럽 헤드를 볼 뒤로 똑바로 뺀다는 생각을 가지고 테이크 어웨이 한다.

이때 가장 중요한 것은 체중을 7:3으로 왼발 쪽에 고정시키고, 볼 위치는 오른발 안쪽에 일정하게 두는 동작을 칩 샷이나 피치 샷에 똑같이 적용해야 한다는 점이다.

- **어프로치 샷**(approach shot) : 그린 근처에서 홀에 접근하도록 치는 일.
- **칩 샷**(chip shot) : 그린 주위에서 공을 낮게 굴려 홀에 접근시키는 어프로치 샷.
- **피치 샷**(pitch shot) : 로프트가 높은 아이언 클럽으로 공에 백스핀(back spin)을 걸고 높게 쳐 올려 그린 위의 목표 지점에 정확히 멈추도록 하는 어프로치 샷.
- **쇼트 게임**(short game) : 그린 근처에서 어프로치와 퍼팅으로 겨루는 경우.

🏌 플롭 샷은 푹신한 라이에서만 할 것

보통 볼의 탄도를 높게 하는 샷을 피치 샷(pitch shot), 로브 샷(lob shot), 플롭 샷 (flop shot)이라고 표현하는데, 피치 샷은 일반적인 어프로치로 볼의 위치를 오른발 쪽에 놓고 샷을 한다. 하지만 로브 샷과 플롭 샷은 볼을 왼발 쪽에 위치시키고 클 럽 페이스를 확실히 오픈시켜 아웃으로 백스윙했다가 인사이드로 깎아 친다는 것 이 공통된 특징이다.

로브 샷과 플롭 샷은 그린에서 30야드 이내에 떨어져 있는 상황에서 벙커나 워터 해저드를 넘어 그린 앞 깃대에 붙일 때 사용하는 샷이다. 로브 샷은 볼에 놓인 라이 (lie)가 좋을 때 공을 높게 띄우면서 스핀을 주기 위해 사용하고, 플롭 샷은 라이가 좋지 않은 러프나 스핀을 걸기 힘든 상황에서 공을 높게 띄우기 위해 사용한다.

라이가 좋을 때 헤드를 오픈시키고 가파른 스윙(V 형태)으로 볼을 치면 높은 탄도뿐 아니라 스핀까지 얻어 낼 수가 있다. 하지만 볼이 러프에 묻혀 있거나 플라이어 라이(볼이 풀 위에 떠 있는 상태)일 때는 스핀을 걸 수 없다. 이때는 헤드를 열고 가파른 스윙을 해서 볼의 탄도를 높여야 하는데, 벙커에서 볼 뒤를 치는 것처럼 볼 뒤의 잔디를 먼저 치는 것이 플롭 샷의 방법이다. 플롭 샷을 할 때 플레이어가 가지고 있는 로프트 각도는 가장 높은 웨지(wedge)를 사용하는 것이 이상적이며, 그립을 왼쪽으로 약간 틀고 클럽 페이스도 약간 오픈시켜 로프트 각도를 최대한 높게 해야 한다.

 주요 용어

- **라이**(lie) : 볼이 놓여 있는 상태. 또는 골프 클럽의 축과 머리 부분의 각도.
- **웨지**(wedge) : 골프에서 바닥이 넓고 평탄하게 되어 있는 아이언 클럽. 피칭 웨지와 샌드 웨지가 있다.

골프에서 벙커(bunker)는 어려운 장애물 중 하나이다. 따라서 벙커 샷을 할 때 깃대에 붙이려고 욕심을 내다가는 더 좋지 않은 상황을 초래할 수도 있다. 깃대에 붙이려고 하기보다 벙커에서 탈출한다는 생각으로 쳐야 한다. 벙커 샷에서는 주로 샌드 웨지(sand wedge)를 사용하는데, 가장 기본인 클럽의 바운스(bounce) 각을 활용해 볼 밑의 모래를 2달러(행운의 지폐)짜리 크기만큼 들어낸다는 이미지로 스윙을 해야 100% 탈출에 성공할 수 있다. 샌드 웨지로 100% 온 그린 시키는 벙커 샷 방법은 다음과 같다.

01 클럽 페이스가 위를 향하도록 열고 몸의 방향은 깃대 왼쪽 방향으로 오픈 스탠스를 취한 다음 백스윙은 왼팔보다 오른팔이 위에 있는 자세를 취하면서 올려 준다.

02 클럽 페이스는 오픈된 상태를 유지하면서 깃대 왼쪽 방향으로 자신 있게 휘두른다.

03 클럽의 바운스 각을 이용하여 자신 있게 볼 밑의 모래를 치듯 휘두르면 볼이 가볍게 핀을 향해 날아간다.

tip_ 오픈 스탠스를 했기 때문에 백스윙은 아웃으로 올라가고 다운스윙은 인사이드로 내려가게 되지만, 클럽 페이스가 볼과 깃대를 연결한 타깃 라인을 보고 있으므로 볼은 깃대 방향으로 날아가게 된다.

- **벙커(bunker)** : 골프 코스에서 주위보다 깊거나 표면의 흙을 노출시킨 지역, 또는 모래로 이루어진 장애물을 말한다. 페어웨이를 가로지르는 크로스 벙커(cross bunker), 페어웨이 양쪽에 있는 윙 벙커(wing bunker), 그린 주위에 있는 그린 사이드 벙커(green side bunker) 등이 있다.
- **샌드 웨지(sand wedge)** : 벙커에 들어간 볼을 쳐내는 전용 클럽(club)으로 클럽 페이스(face)의 각도가 크며 밑이 넓고 둥그스름하다.
- **바운스(bounce) 각** : 골프채를 지면에 댔을 때 솔(바닥)의 끝 부분(리딩 에지)과 솔의 맨 아래 부분이 이루는 각이다(8~14도). 바운스 각이 크면 벙커나 러프 같은 곳에서 헤드가 바닥에 박히지 않고 원활하게 빠지며 볼의 탄도가 높아진다. 반면 바운스 각이 작으면 단단한 모래 바닥이나 그린 에지에서 정교한 어프로치 샷을 할 때 유리하다.

🏌 벙커 샷의 거리는 백스윙 크기로 조절한다

많은 골퍼들은 벙커 샷을 할 때 로프트 각도 52도, 56도, 60도 등의 여러 웨지를 상황에 따라 사용한다. 하지만 이는 주말 골퍼에게는 적절하지 않은 방법이다. 주말 골퍼는 연습량이 부족하므로 한 가지 웨지(기본 56도)를 이용하여 백스윙 크기로 거리를 조절하는 것이 훨씬 쉽다. 즉, 벙커에서 깃대가 가까울 때는 백스윙을 허리 높이까지 올리고, 깃대가 먼 경우 백스윙을 4/3이나 풀백까지 올려서 샷을 하면 거리 조절을 하기 편하다.

tip_ 백스윙은 깃대가 가까울 경우 클럽을 90도만큼 올리고, 깃대가 먼 경우 180도만큼 올려서 샷을 한다. 다운스윙 크기는 항상 피니시까지 확실하게 휘둘러야 한다는 점을 주의하자.

퍼터

🏌 퍼터 고수는 라인 읽기와 똑바로 굴리기를 잘한다

드라이버로 장타를 치고, 세컨 샷으로 그린까지 달려가는 최종 목표는 홀컵에 떨어지는 퍼팅을 위해서다. 그렇다면 어떻게 해야 퍼팅을 잘할 수 있을까? 한 방에 퍼팅을 잘할 수 있게 만들어 주는 비법은 존재하지 않는다. 하지만 어렵지 않게 할 수는 있다.

퍼팅을 잘하는 방법은 크게 두 가지로 나뉜다. 첫째는 그린 라인을 잘 읽어내는 능력이고, 둘째는 원하는 곳으로 볼을 똑바로 보내는 능력이다. 두 가지 중 한 가지 능력이라도 뒤처지면 퍼팅에 매력을 느끼지 못할 것이다.

사람마다 어렵게 느끼는 것이 다른데, 볼을 똑바로 보내는 기술은 올바른 퍼팅 스트로크 자세에서 반복된 훈련으로 극복이 가능하지만, 그린을 읽는 방법은 필드의 실전 경험을 통해서 터득해야 한다. 그린을 읽는 능력이나 퍼팅 스트로크 둘 다 쉬운 것이 아니므로 모든 골퍼들이 부단히 연습해야 두 가지 모두 정복할 수 있다.

평소 퍼팅 스트로크 자세에서 볼을 똑바로 보내는 연습 방법은 다음과 같다. 어드레스 때 오른쪽 어깨가 왼쪽 어깨보다 앞으로 나오지 않도록 하고, 왼손으로 오른쪽 어깨를 잡은 상태에서 어드레스를 하면 얼라이먼트가 좋아져서 퍼팅의 방향성이 좋아진다.

🏌️ 백스윙 때 손목에 긴장을 풀어라

퍼팅을 할 때 흔들림 없는 백스윙에 많이 집중해야 한다. 퍼팅에서의 성공과 실패 여부는 테이크 백(take back)에 달려 있기 때문이다. 그렇다면 어떻게 해야 테이크 백을 정확하게 할 수 있을까? 테이크 백에서 가장 주의해야 할 점은 손목에 의한 조작으로 퍼터의 움직임을 유도하고 있는 것은 아닌지 체크해 보는 일이다. 즉, 손목에 힘이 들어가면 백스윙이 부드럽지 못하고, 일관성 없이 흔들리며 거리감마저 상실하게 된다. 이렇게 되면 스위트 스폿(sweet spot)의 일정한 타격이 힘들어지면서 볼의 구름이 올바르지 않고, 거리 느낌을 조절할 수 없게 된다. 따라서 어드레스부터 백스윙, 임팩트 후에도 손목에 힘이 들어가지 않도록 해야 한다.

> **골프** 주요 용어
> - **스위트 스폿(sweet spot)** : 골프채·테니스 라켓·야구의 배트 따위에서, 볼이 가장 효과적으로 쳐지는 부분. 골프에서는 클럽 헤드의 정중앙을 의미한다.

손목 힘을 부드럽게 하기 위하여 어드레스에서 클럽 헤드와 손목을 일체감 있게 흔들어 주면서 준비 자세를 취한다. 그러면 어드레스 때 느낀 퍼터 헤드(putter head)의 무게가 백스윙에서도 연결되는 집중력이 생기며 테이크 백에 대한 불안감이 없어질 것이다.

🏐 볼 위치를 일관되게 만들어라

퍼터 어드레스를 했을 때 어딘가 불편한 느낌이 드는 경우가 있다. 특히 볼의 위치가 일정하지 않아서 감이 잘 오지 않았던 경험을 누구나 한 번쯤은 했을 것이다. 퍼터에서 가장 중요한 것은 볼의 위치를 결정하는 일인데, 볼의 위치는 어떻게 결정하면 될까?

"퍼팅 시 눈 바로 아래에 볼이 위치해야 한다."는 퍼팅의 기본을 생각해 보면 답은 쉽게 나온다. 퍼팅 어드레스를 했을 때 왼쪽 눈 밑에 수직으로 볼이 있어야 볼과 홀컵 간의 목표선이 일직선으로 보여 그린의 라이(lie)를 쉽게 읽을 수 있다.

01 볼을 두 개 준비해 먼저 한 개를 바닥에 놓는다. 왼쪽 눈의 수직 아래에 바닥의 볼이 위치하도록 어드레스를 한 다음 다른 볼을 왼쪽 눈에 갖다 댄다.

02 어드레스 자세가 마무리되면 왼쪽 눈에 갖다 댄 볼을 그대로 떨어뜨린다. 이때 바닥의 볼을 정확히 맞힌다면 이상적인 어드레스이다.

이렇게 되면 퍼터의 라이 각도나 퍼터의 솔 중심이 바닥에 닿는 자세가 나온 결과이므로 볼을 똑바로 칠 수 있다. 또한 볼 위치가 어드레스 중앙보다 약간 왼쪽에 있어 퍼터 헤드는 다운스윙 때 들어 올리면서 볼을 맞히게 된다. 이런 임팩트는 자연히 오버스핀을 주게 되며 볼은 그린 라이의 영향을 덜 받아 홀컵으로 빨려 들어가게 된다.

🏌 퍼팅 라인이 보이지 않으면 플럼 보빙으로 해라

그린에서 퍼팅 라인을 읽을 때 캐디에게 전적으로 의존하는 아마추어 골퍼가 많은데, 구력이 오래된 골퍼라도 퍼팅 라인을 본인 스스로 읽는 것에 서툰 경우가 의외로 많다. 그러나 정확한 퍼팅 라인과 경사를 파악하는 일은 골퍼에게 퍼팅에 대한 확신과 자신감을 심어 주므로 골퍼 스스로 노하우를 익히는 것이 바람직하다. 지금까지 낮은 자세로 앉아 그린 경사를 읽는 일반적인 방법이 효과가 없었다면, 플럼 보빙(Plumb Bobbing)의 퍼터 샤프트를 사용해 경사 읽는 방법을 시도해 보자.

홀과 볼 사이 퍼팅선 경사를 읽기 위하여 개발한 플럼 보빙(측량 추 확인법)은 낮은 자세로 앉아서도 경사가 잘 보이지 않을 때 유용하며, 토목 공사나 건설 현장에서 추를 사용해 측량을 하는 모습과 흡사하여 이런 이름이 붙여졌다.

경사가 없는 평평한 그린에서 볼과 홀 라인에 샤프트를 겨냥하면 '일자'로 정확히 일치하지만, 샤프트로 홀을 겨냥해 홀이 샤프트의 오른쪽에 보이면 왼쪽에서 오른쪽으로 휘는 라인이다. 반대로 홀이 왼쪽에 보인다면

오른쪽에서 왼쪽으로 휘는 라인이다. 플럼 보빙 측량법으로 그린의 경사를 읽었다면, 확신을 갖고 스트로크 해야 방향성의 효과를 얻을 수 있다.

🏌 그린 위에서 부지런한 사람이 되라

퍼팅 그린에서는 부지런해야 퍼팅을 잘할 수 있다. 그린의 지형이 어떻게 생겼는지를 알아내는 것이야말로 퍼팅을 성공시키는 첫 번째 조건인데, 그린의 라이를

정확히 읽을 수 있는 능력이 없다면 퍼팅 스트로크가 아무리 좋아도 볼은 홀컵으로 들어가지 않는다. 그러므로 일단 볼이 그린에 올라가면 그린에 다가서면서 그린 전체의 경사가 어떤 식으로 흐르는지 체크한다.

본인의 눈과 감각으로 그린의 경사를 볼 수도 있지만, 가장 중요한 것은 먼저 퍼팅을 한 동반자의 퍼팅을 눈여겨봐야 한다는 것이다. 동반자의 플레이를 보면서 홀컵까지의 경사와 라이 그리고 거리를 정확히 체크한다. 그런 다음 내 볼의 위치, 동반자와의 경사, 라이를 한 번 더 체크한 후 전체 그린의 생김새와 방금 목격한 자료를 취합하여 어떤 목표를 향해 어느 정도의 빠르기로 공을 굴리겠다는 의사 결정을 한다. 그렇게 하려면 무엇보다도 그린 위에서 부지런하게 움직여야 한다.

🏌 목표 설정은 구체적으로 하라

아마추어 골퍼들은 주먹구구식으로 대충 방향을 정해서 퍼팅하는 경우가 많다. 하지만 퍼팅 방향은 가능한 한 구체적이고 세밀하게 설정해야 한다. 퍼팅은 선이 아니라 점으로 생각해야 한다. 즉, 바로 이 지점으로 보내겠다고 가상의 점을 그린 후 그 점으로 보내고자 항상 노력해야 좋은 결과를 얻을 수 있는 것이다. 5m 퍼팅 시에는 훅이나 슬라이스 라이에서 홀컵과 볼을 연결하는 가상 선을 따라가려고 하기보다 그 중간의 점을 생각하자. 점을 그리면 목표는 홀컵의 중간 지점이 되고, 그 점만 통과하면 볼은 라인을 타고 정확히 홀컵에 빨려 들어갈 것이다. 홀컵에 연연하지 않는 목표 설정이 무엇보다 중요하며, 일단 설정한 뒤에는 자신이 읽은 브레이크를 믿고 자신 있게 스트로크 하는 행동이 필요하다. 이제부터 홀컵은 잊어버리고 점에 집중하면서 연습해 보자.

드라이버
300야드 샷

🏌 스웨이만 없어도 오비는 없다

많은 골퍼들은 드라이버 장타에 대한 욕심으로 몸도 풀리지 않은 상태에서 다운 스윙 시 몸을 공격적으로 내미는 경향이 있다. 하지만 이런 동작은 엉덩이가 타깃 쪽으로 스웨이(sway)되면서 슬라이스에 따른 오비(OB)의 공포에서 벗어날 수 없다. 슬라이스의 큰 원인인 스웨이 동작을 방지하는 연습을 해보자.

01 가장 편한 자세로 양발을 엉덩이보다 약간 넓게 벌리고 클럽을 상체 위쪽으로 잡는다.

02 백스윙 톱 자세에서 오른쪽 허리
가 밀리지 않고 안쪽으로 들어간 자세
를 잡는다.

03 피니시 자세에서 왼쪽 허리가 스
탠스의 너비에서 벗어나지 않고 회전이
되어야 스웨이 없이 유지한 것이다.

이 점을 지킨다면 백스윙에서 몸이 좌우로 흔들린다거나, 다운스윙에서 몸이 앞으로 돌진하는 일은 없을 것이다. 평소 드라이버 샷을 할 때 이를 명심하면 오른쪽으로 날아가는 슬라이스의 공포에서 벗어날 수 있다.

 주요 용어
- **스웨이(sway)** : 스윙할 때 상체가 상하 또는 좌우로 움직이는 일.
- **오비(OB)** : 아웃 오브 바운스(out of bounds)의 약칭으로, 코스의 경계를 넘어선 장소나 위원회가 그렇게 표시한 코스의 일부. 흰색 말뚝이 세워져 있다.

🏌 장타는 임팩트 자세에서 나온다

많은 아마추어 골퍼들이 어드레스 자세와 임팩트 순간의 자세는 같다고 생각한다. 하지만 골프에서 임팩트 순간의 자세는 클럽 페이스가 스퀘어 되고, 상체 모양

이 같은 것 외에 어드레스와 같은 모양이 없다. 임팩트 때 왼손의 그립 모양은 타깃 방향으로 더 돌아가고, 오른쪽 무릎은 왼쪽으로 기울어지며, 히프의 턴이 반드시 있어야 한다. 임팩트 순간과 어드레스의 자세는 히프 턴에서 가장 큰 변화를 느낄 수 있다.

자신의 스윙에서 임팩트 때 히프가 돌아가지 않는다면 장타와는 거리가 멀어질 것이다. 임팩트에서 히프 턴이 제대로 된다면 타깃 반대 방향에서 봤을 때 엉덩이 전체가 보이게 되는데, 다운스윙의 시작을 히프의 리드로 임팩트 하면 장타의 손맛을 느끼게 될 것이다.

🏌 올바른 헤드업을 해라

  미스 샷의 가장 큰 원인으로 헤드업을 꼽을 수 있다. 헤드업의 정확한 의미는 몸의 중심축이 흔들린다는 뜻이다. 즉, 임팩트 때 머리가 상하좌우로 움직이면 몸도 흔들리게 되므로 클럽 헤드를 볼에 정확히 맞히기가 힘들어진다. 헤드업을 쉽게 고치는 방법으로는 인간의 운동 감각 중 가장 우위에 있는 시각을 이용하는데, 볼을 끝까지 주시하고 치면 자연히 중심축의 흔들림이 없어지게 된다.

  그러나 많은 골퍼들이 헤드업을 이해하지 못하고 임팩트 이후에도 머리를 고정시키려는 자세를 취하여 거리를 손해 보는 경우가 있다. 하지만 인체 구조상 피니시까지 머리를 움직이지 않으면 자연스러운 스윙이 나오기 힘들다. 팔로 스루에서 피니시 동작은 어깨가 목표 방향으로 자연스럽게 따라가야 하는데, 머리를 고정시키겠다는 의식이 강하면 강할수록 더 많은 미스 샷이 나오게 되는 것이다. 임팩트 이후 머리가 목표 방향을 따라간다고 해도 헤드업이 되는 게 아니라 몸의 회전을 도와주는 것이라 이해해야 한다.

🏌 어깨가 턱 밑으로 돌아가게 해라

비거리는 헤드 스피드 60%, 체중 이동 20%, 스위트 스폿 20%에 의해 좌우되는데, 무엇보다 헤드 스피드를 높여 공을 멀리 치기 위해서는 상체의 올바른 자세가 중요하다. 비거리를 늘리려면 왼쪽 어깨가 턱 밑으로 들어갈 공간을 확보해야 이상적인 스윙을 만들 수 있다. 뻔한 말이지만 올바른 방법으로 연습해야 효과를 볼 수 있다.

많은 아마추어 골퍼들이 어깨를 많이 돌리면 좋다고 생각하여 왼쪽 어깨가 턱을 밀게 하거나 여성들의 경우 립스틱이 어깨에 묻어야 좋다는 잘못된 고정 관념을 가지고 연습하는 모습을 볼 수 있다. 그러나 이렇게 연습하면 일관성과 컨트롤을 잃어 비거리 뿐만 아니라 정확도까지 보장할 수 없게 된다.

어드레스에서 만들어진 척추의 각도가 유지된 백스윙이어야 하는데, 턱 밑으로 돌아가는 모양이 나와야 상체의 근육이 충분히 비틀렸다가 다운스윙 때 볼을 향해 힘차게 풀릴 준비가 되는 것이다. 즉, 올바른 백스윙이 되면 등 근육이 타이트해지면서 말로만 들던 큰 근육의 움직임을 실제로 체험하게 된다.

헤드 스피드의 효과는 손목을 돌리는 것만으로 한계가 있으므로 어깨의 올바른 회전이 중요하다. 따라서 최초 어드레스 때 형성된 턱의 위치를 백스윙과 다운스윙 그리고 임팩트와 피니시까지 고정하고 왼쪽 어깨가 턱 밑으로 들어갈 공간을 확보해야 이상적인 스윙으로 끝낼 수 있다. 결국 비거리는 어깨의 올바른 회전에 의한 결과로 이어지는 것이다.

🏌 백스윙을 최대한 크게 해라

비거리를 늘리기 위해서는 헤드 스피드를 향상시켜야 하며 이를 위해서는 백스윙의 원을 가능한 한 크게 할 필요가 있다. 테이크 백에서 클럽 헤드를 똑바로 멀리 보내어 올라가도록 하는데, 왼쪽 어깨를 축으로 하여 왼쪽 팔과 샤프트를 반경으로 하는 큰 원을 이미지화해 테이크 백 하는 것이다. 그러므로 오른쪽 허리 부근까지 그립의 끝과 몸과의 간격을 어드레스 때와 똑같이 유지하고 테이크 백 해야 클럽 페이스가 볼을 보는 상태로 원을 크게 그리며 장타를 칠 수 있는 원동력이 되는 것이다.

tip_ 테이크 백을 너무 빠르게 하면 클럽을 인사이드로 당기면서 스윙 아크가 작아진다. 또 너무 무리하게 똑바로 뻗으려다 팔과 몸이 떨어지면 결과적으로 클럽 헤드가 바깥쪽으로 올라가 버리는 결과를 초래할 수 있으니 주의하자.

　PGA 프로들 중에는 체구가 작아도 장타를 치는 선수들을 종종 볼 수 있다. 그 선수들의 공통적인 비결은 바로 웨이트 트레이닝이다. 체구가 크지 않은 골퍼들이 높은 비거리를 내는 방법은 하체와 상체를 거의 세워 수평으로 회전하는 오른팔 스윙에 있으며, 이를 위해서는 강한 체력이 뒷받침되어야 한다. 즉, 웨이트 트레이닝으로 단단하게 단련한 하체를 고정시킨 상태에서 수평 회전을 하기 때문에 왼쪽 상·하체가 일자로 서는 피니시 동작이 나오는 것이다.

　임팩트 때 허리는 거의 목표 방향을 가리키지만, 가슴은 아직 볼이 있던 곳을 향한다. 또 허리와 오른팔이 조화롭게 다운스윙하므로 흔들리지 않으면서 임팩트 때 클럽 헤드 스피드를 극대화할 수 있다. 그렇기 때문에 체구가 작은 골퍼도 장타를 구사할 수 있는 것이다. 하체 웨이트 트레이닝을 통해 수평 회전의 오른팔 스윙을 함으로써 비거리를 증가시켜 보자.

아이언 샷

🏌 정교한 아이언의 기본, 정렬

많은 비기너들이 볼을 오른쪽으로 날리는 경우를 종종 볼 수 있는데, 스윙 플랜이 좋아도 정렬(alignment)을 제대로 못하면 근본적인 문제에서 벗어날 수 없다. 올바른 정렬은 표적선의 왼쪽으로 어깨가 평행이 되도록 어드레스 하는 자세이다. 골프 코스에서 직각으로 보이는 스탠스라면 실제로는 오른쪽을 향해 정렬한 것인데, 이런 잘못된 정렬은 목표 방향에서 측면으로 어드레스를 맞추다 보니 착시 현상이 일어나는 것이다. 목표 방향을 양 어깨가 아니라 클럽 헤드가 표적을 향하고 있어야 정확한 정렬이라 할 수 있다.

01 목표 방향과 일직선상에 있는 나뭇잎사귀, 디보트(divot) 자국 같은 중간 표적에 클럽 페이스를 정렬한다.

02 클럽 헤드를 중심으로 스탠스를 정렬한다.

03 스탠스가 목표 방향보다 너무 왼쪽을 가리킨다는 느낌이 들 수 있지만, 실제로는 목표 방향 직각으로 정렬된 상태로 어드레스 된 것이다.

골프 주요 용어

• **디보트**(divot) : 골프채로 뜯겨진 잔디. 또는 잔디나 땅이 골프채에 파인 자리

🏌 똑바로 치고 싶을 때, 보디 턴

임팩트 전에 오른발 뒤꿈치가 들리는 사람은 상체도 들린 상태에서 볼을 치게 된다. 볼을 똑바로 치기 위해서는 오른발 뒤꿈치를 지면에 붙인 상태에서 보디 턴(body turn)을 먼저 해야 하는데, 임팩트 동작에서 체중을 왼쪽으로 이동하며 타격해야 한다. 이렇게 하지 않으면 결국 손만으로 볼을 치는 셈이므로 반드시 하반신을 수평 회전하면서 볼을 타격해야 한다. 오른발 엄지발가락으로 땅을 차면서 오른쪽 무릎과 오른쪽 넓적다리를 왼발 쪽으로 돌려주면 된다.

즉, 그림처럼 오른쪽 무릎을 앞으로 밀지 않고 왼쪽으로 붙이는 느낌이다. 그러면 손만으로 치는 것이 아니라 하반신이 회전하여 몸 전체의 자연스런 동작을 경험하게 된다.

🏌 손목의 강한 스냅을 활용하라

다운스윙에서 양 팔꿈치가 몸 근처를 통과할 때 왼팔을 작게 움직이는 방법으로 오른팔 손목의 힘을 키우는 방법이 있다. 그러면 오른쪽 손목의 강한 스냅을 이용하여 팔로 스루 때 헤드 스피드가 빨라지는 결과를 만들 수 있다. 이 방법은 야구, 테니스 등 도구를 사용하는 스포츠에서 공통된 움직임이다.

또 임팩트 이후 시선은 볼이 놓여 있던 자리에 남겨진 듯한 모습에서 강한 파워를 느끼게 된다. 임팩트에서 오른팔이 몸에서 떨어지는 것처럼 보이지만 오른쪽 손목의 스냅으로 강하게 볼을 타격하기 위한 과정일 뿐이다. 따라서 몸통은 수평

회전을 하고 오른팔의 강한 임팩트 동작으로 정교함과 장타의 결과를 만들 수 있다.

🏌️ 아이언 스윙의 타점을 만들지 말자

골프에서 스윙의 타점은 임팩트 시 그려지는 원의 반경이 직선으로 뻗었을 때, 왼팔과 클럽 헤드가 직각으로 임팩트 되어 볼이 맞는 순간을 말한다. 일반적으로 로프트가 큰 클럽(쇼트 아이언)일수록 볼을 오른쪽에 두는 이유도 이 타점과 무관하지 않다. 로프트가 크면 스윙할 때 그만큼 오랫동안 볼이 페이스에 머물러 있다. 그러나 볼을 치는 타점은 모든 샷이 동일하기 때문에 볼이 페이스에 오래 실리도록 인위적으로 만들 필요가 없다. 따라서 스윙은 볼을 보고 치는 것이 아니라 클럽을 휘두를 때 정확도와 헤드 스피드가 조화를 이뤄야 최대 거리를 낼 수 있는 것이다.

트러블 샷

🏌 내리막 경사가 가장 치기 쉽다, 다운힐 라이

우리나라 산악 지대에 있는 골프장에서는 코스의 특성상 드라이버 티 샷을 잘 쳐도 다운힐 라이(downhill lie) 즉, 내리막의 중턱에 볼이 있는 상황을 종종 맞이하게 된다. 평평한 페어웨이에서와 같은 방법으로 어드레스를 하고 다운힐에서의 샷을 한다면 성공보다 실패할 확률이 훨씬 높아질 것이다. 지면은 경사가 있는데 어깨를 수평으로 어드레스 했다면 임팩트 때 뒤땅이 나오게 되는 것은 불을 보듯 뻔한 일이니 정확한 방법을 배워 보자.

① 어드레스 때의 어깨 기울기는 지면의 능선과 같이 맞추어야 정상적인 샷을 할 수 있다.

② 볼의 위치는 스탠스의 중앙보다 오른쪽에 둔다.

③ 다운힐 라이의 특성상 평소보다 비거리가 늘어나므로 3/4 스윙을 해야 거리를 맞추기 쉽다.

④ 다운힐 라이가 있어 페이드(fade) 구질에 대비해 목표의 약간 왼쪽을 겨냥하여 스윙을 해야 한다.

⑤ 다운스윙 시 클럽의 힐로 지면을 따라 스윙해야 확실한 몸의 회전으로 팔로 스루를 하게 된다.

골프 **주요 용어**
- **다운힐 라이(downhill lie)** : 내리막 라이에서의 샷으로 왼발이 오른발보다 낮은 곳에 위치한다.

🏌 오르막 경사는 볼 위치가 중요하다, 업힐 라이

업힐 샷(uphill shots)은 타구 방향이 오르막 경사인 업힐 라이(uphill lie) 상황에서 하는 샷을 말한다.

① 오른쪽 어깨를 평상시보다 조금 더 낮추어 양어깨가 오르막 지형과 평행이 되도록 하는 것이 가장 중요하다. 그래야 톱 볼을 치지 않고 지면과 평행으로 볼을 쓸어 칠 수 있다.

② 볼의 위치는 중앙에 놓지만 경사가 심할수록 스탠스의 왼쪽에 두고 쳐야 어깨를 경사

면과 평행하게 맞추기 쉬워진다.

③ 스윙의 밸런스를 유지해야 하며 평상시처럼 하체를 이용한 풀스윙으로는 어려우니 백
　스윙 3/4 정도로 볼을 친다. 이때 거리의 손실을 보완하기 위해 한두 클럽 길게 잡고
　치면 쉽게 온 그린 시킬 수 있다.

④ 체중의 비율은 6:4가 적당하며 볼의 탄도가 높아 런이 없음을 감안하여 샷을 한다.

⑤ 임팩트 후에는 확실한 몸의 회전을 통한 팔로 스루를 하여 오른쪽 어깨와 체중을 타구
　방향으로 리드한다.

 주요 용어
- **업힐 라이(Uphill lie)** : 오르막 라이에서의 샷으로 왼발이 오른발보다 높은 곳에 위치한다.

tip_ 지형이 높을수록 왼발 쪽으로의 체중 이동은 어렵고 오히려 오른발 쪽으로 체중이 치우치
므로 임팩트 시 클럽 헤드의 페이스가 쉽게 닫힌다. 그렇게 되면 훅(hook)이 날 가능성이 많으므
로 지형이 높을수록 평상시보다 얼라인먼트(alignment)를 오른쪽으로 하는 것도 좋은 방법이다.

🏌 볼이 발보다 높으면 뒤땅을 조심해라, 사이드힐 업

    평평한 매트가 놓인 연습장에서만 볼을 치다가 실제 필드에 나가면 여러 가지 새로운 상황이 많이 생긴다. 연습장의 매트에 놓인 볼은 아주 짧게 잘 깎인 평평한 잔디에 놓인 것과 같다. 그러나 실제 코스에 나가면 이처럼 좋은 상황에서 볼을 칠 기회는 거의 없다. 특히 드라이버 티 샷이 슬라이스 되면 발보다 볼이 높은 사이드 힐 업(sidehill up) 상황이 자주 만들어진다.

① 볼의 위치나 어깨의 기울기는 평지처럼 어드레스 하면 된다. 그러나 볼이 발보다 높은 곳에 있기 때문에 몸과 볼 사이의 거리를 평소보다 가깝게 하는 것이 중요하다. 볼이 아주 높은 위치에 있으면 더 가까이 서야 한다.

골프 주요 용어
- **사이드힐 업**(sidehill up) : 볼의 위치보다 스탠스가 낮은 상황으로 볼이 발보다 높은 경우이다.

② 몸은 꼿꼿하다는 느낌이 들 정도로 일으켜 세운다.

③ 중력의 반대 방향, 즉 발 앞쪽에 몸무게를 실어야 균형을 유지할 수 있다.

④ 그립도 좋은 라이에서보다는 2~3cm 밑으로 잡는다.

⑤ 평소보다 조금 세게 잡아야 볼을 맞힐 때 어려운 상황의 지면 조건을 그립이 이겨 낼 수 있다.

⑥ 백스윙은 2/3 정도로 콤팩트 스윙을 해야 볼의 뒷부분에 골프 클럽의 헤드가 떨어져 뒤땅의 공포에서 벗어날 수 있다.

tip_ 헤드가 볼을 먼저 친 다음 땅을 쳐야 한다는 것이 이런 트러블 샷의 가장 중요한 포인트다.

🏌 볼이 발보다 낮으면 하체를 고정해라, 사이드힐 다운

산악 지대에 많이 위치해 있는 한국의 골프장 코스에서는 왼쪽에 능선이 있을 경우 드라이버 티 샷이 훅 되면서 발이 볼의 위치보다 높은 사이드힐 다운(sidehill down) 상황이 자주 발생한다. 이렇게 되면 급격한 내리막 라이에서 세컨드 샷을 해야 하는 경우가 생긴다.

① 스탠스를 넓히고 무릎을 좀 더 구부려 몸의 중심을 낮춘다.

② 척추의 각도는 좀 더 숙이고, 엉덩이는 뒤로 빠진 상태로 만든다.

③ 평지에서와 같은 풀 스윙을 하기는 어렵지만 스윙의 원칙은 지켜야 한다. 특히 팔로만 스윙을 하려고 하면 힘과 정확도 모두를 잃고 몸의 중심도 흐트러진다. 그렇다고 하체를 이용한 중심 이동도 쉬운 것은 아니므로 허리 자체의 회전력으로만 스윙해야 한다.

④ 스윙의 크기는 3/4 오른팔 스윙으로 한다.

⑤ 스위트 스폿에 정확하게 타격하기 위해 볼을 끝까지 주시하며 하체를 견고히 고정한다. 이런 경우 다운스윙이 평소보다 수직에 가깝게 내려오므로 클럽 페이스가 타격 순간 표적의

오른쪽을 향하게 된다. 임팩트 시 볼은 왼쪽에서 오른쪽으로 휘는 경우가 많이 발생한다. 따라서 이를 미리 예상하여 몸 전체와 클럽 헤드를 타깃보다 왼쪽으로 겨냥하는 것이 좋다.

● **사이드힐 다운**(sidehill down) : 볼보다 스탠스가 높은 상황으로 볼이 발보다 낮은 경우이다.

🏌 치기 쉬운 샷을 활용하자, 페이드 샷

페이드 샷(fade shot)의 가장 큰 장점은 스트레이트 샷이나 드로 샷보다 구사하기 쉽고 일관성이 있어 O.B 걱정 없이 통제가 가능한 샷이라는 점이다. 오른팔 리드의 페이드 샷을 따라 해보자.

① 클럽 페이스를 목표 방향으로 향하게 한 상태에서 오픈 스탠스를 취한다.

② 오픈 스탠스 자세에서 볼이 목표보다 오른쪽으로 약간 휘어질 것이라는 확신을 가지고 자신 있게 스윙한다. 임팩트 때 손목의 쓰임이 없어야 하는데 긴장하면 급격하게 릴리즈가 일어나 볼이 왼쪽으로 날아가는 결과가 나올 수 있으니 주의하자.

③ 백스윙에서 피니시로의 이동은 물 흐르듯이 지나간다는 느낌으로 해야 성공할 수 있다.

tip_ 페이드 샷을 할 때는 어깨와 엉덩이가 목표의 왼쪽을 가리키게 되므로 백스윙이 보통 때보다 바깥쪽으로 올라가게 된다. 또 임팩트 때는 평소보다 안쪽으로 깎아 치는 듯한 느낌의 샷이 나오게 된다.

골프 주요 용어

● **페이드 샷(fade shot)** : 곧장 날아간 타구가 낙하할 때 오른쪽으로 휘는 구질.

🏌️ 드로 샷은 스탠스를 체크하자

드로 샷(draw shot)은 오른쪽에서 왼쪽으로 휘는 구질로, 볼이 더 많이 굴러가게 하여 비거리를 향상시키거나 정면에 장애물이 있어 피해 가야 할 때 쓰는 샷이다. 오른팔 스윙의 드로 샷은 평상시 스윙과 같게 하되 스탠스를 조절하여 볼이 휘는 정도를 조절하게 된다. 즉, 스탠스를 얼마나 닫고 서서 스윙을 하는지의 정도에 따라 볼이 휘는 양을 조절하는 것으로 오른팔 스윙을 이해했다면 누구든지 따라 할 수 있는 쉬운 샷이다.

드로 샷에 대한 노하우를 4가지로 요약하면 다음과 같다.

첫째, 어깨선은 타깃의 약간 오른쪽을 향하고, 클럽 면은 타깃을 향하게 한다.

둘째, 평상시 테이크 백보다 클럽을 더욱 인사이드 방향으로 뺀다.

셋째, 톱 스윙에서 클럽 헤드가 타깃보다 오른쪽을 가리키도록 한다.

넷째, 다운스윙은 인사이드에서 아웃의 궤도로 임팩트하게 한다.

tip_ 드로 샷은 일반적인 탄도보다 낮게 날아가 더욱 많이 구르게 되며, 짧은 스윙으로도 볼을 멀리 보내는 장점이 있다.

골프 주요 용어
- **드로 샷**(draw shot) : 곧장 날아간 공이 낙하할 때 왼쪽으로 휘도록 치는 타법.

아마추어 골퍼들은 드라이버 샷이 정중앙으로 날아가면 의심의 여지없이 페어웨이 잔디에 잘 놓여 있을 것이라고 생각하고 의기양양해진다. 하지만 막상 가서 보면 둥지에 있는 새알처럼 디보트 자국(잔디가 파인 자리)에 볼이 놓여 있는 경우도 많다. 이런 상황에 처하면 아마추어 골퍼들은 잔디에 놓인 볼에 비해 처리하기가 어렵다는 생각에 십중팔구 당황하게 된다. 하지만 오른팔 스윙의 기본 원리를 어느 정도 이해했다면 겁먹을 필요가 없다.

01 그립을 내려 잡고 체중은 왼쪽 다리에 싣는다. 그런 다음 정상적인 라이에서 공략할 때보다 한 클럽 작게 잡는다. 이때 주의해야 할 것은 체중을 왼쪽 다리에 싣는 상태에서 테이크 어웨이가 이루어져야 한다는 점이다.

▲ 체중은 왼발 40%, 오른발 60%

02 체중이 왼쪽 다리에 실린 상태를 유지하며 콤팩트하게 백스윙을 한다.

03 다운스윙의 각도를 가파르게 만들어 클럽의 스위드 스폿으로 볼 중심부를 타격할 수 있다.

04 볼을 맞힌 이후 왼팔이 몸에 붙은 상태에서 히프와 오른팔을 타깃 방향으로 돌려 주는 것만 생각한다. 그러면 볼만 정확히 쳐내므로 원하는 비거리를 얻을 수 있다.

골프에 대한 잘못된 상식

🏌 오른손 그립에 힘을 빼라?

스윙이 잘못되는 이유 중 하나는 클럽을 왼손으로는 강하게 잡고 오른손으로는 살살 잡아야 한다는 잘못된 고정 관념이다. 왼손으로만 너무 강하게 잡으면 큰 근육이 전달되지 않아 클럽 스피드가 떨어진다. 그러나 왼손과 오른손 양손으로 단단히 잡으면 클럽 헤드 컨트롤이 좋아져서 클럽 헤드의 스피드가 늘어나게 된다.

방향성과 파워를 만드는 것은 오른손이 하는 일이고, 오른손 바닥은 클럽 페이스와 같은 방향이 되는 것이 기본이다. 오른손 가운뎃손가락과 약지로 그립을 견고하게 잡은 상태로 샷을 한다면 오른손이 효율적으로 사용되는 감각을 터득하게 될 것이다.

오른손잡이 골퍼의 경우 다운스윙 때 왼팔 리드로 내려치면 오른팔을 무용지물로 만드는 것이나 다름없다. 왼팔 리드는 허리의 스웨이를 유발하기 때문에 정작 임팩트 때는 헤드 스피드가 소진되어 거리가 나지 않는다.

반발력이 좋은 현대 골프 장비는 몸통 정면에서 클럽을 휘두르지 않으면 비거리와 방향성을 극대화시킬 수 없다. 즉, 오른팔로 휘두른다는 것은 클럽이 몸통 앞을 정면으로 지나간다는 뜻이다. 처음 접해 보는 골퍼는 "그럼 팔로만 하는 게 아니냐?"고 반문할 수 있겠지만 오른팔을 조금 더 적극적으로 휘둘러 보자! 지금까지 느끼지 못했던 임팩트의 파워를 경험하게 될 것이다.

🏌 무릎을 안쪽으로 모아라?

　어드레스에서 하체는 어떻게 하는 것이 좋을까? 하체의 견고함을 위해 양쪽 무릎을 안쪽으로 모으는 경우를 종종 볼 수 있는데, 이는 잘못된 고정 관념으로 오히려 무릎이 흔들리는 현상이 나타나게 된다.

　숨을 길게 내쉬면서 두 무릎의 긴장을 풀고 자세를 취하는 것이 좋다. 이때 양쪽 무릎을 조이지 않고 약간 바깥쪽으로 벌리는 자세가 하체를 견고하게 하는 요령이다. 특히 백스윙 시작 때 왼쪽 무릎을 바깥쪽으로 벌려 주는 것이 하체의 견고함을 일관성 있게 유지하는 방법으로 미스 샷을 최소화하는 방법에 속한다.

▲ 바른 자세

▲ 나쁜 자세

　머리를 고정시키고 백스윙하는 사람을 종종 볼 수 있는데, 이 역시 잘못된 자세이다. 백스윙 때 척추 각을 중심으로 한 회전은 매우 중요하나 머리를 고정하면 톱에서 어깨 회전이 작아지고 뒤집어지는 현상이 나타난다. 이런 경우 다운스윙 때 회전축의 이동 공간이 부족한 상태로 임팩트가 되며 볼의 방향을 상실하는 구질을 만들게 된다.

　결국 백스윙의 회전축과 다운스윙의 회전축은 따로 이루어져 있다는 것을 이해하고 스윙을 해야 한다. 그러므로 백스윙 톱에서 머리의 위치를 약간 이동하는 요령을 터득해야 상체의 꼬임을 극대화하면서 파워 있는 다운스윙으로 연결되는 것이다.

▲ 바른 자세

▲ 나쁜 자세

이 방법은 스윙 아크가 작은 어프로치를 연습할 때 방향성에 대한 효과를 볼 수 있다. 하지만 풀 스윙에서 오른팔을 억지로 몸에 붙이는 것은 부자연스럽고, 이렇게 하다 보면 스윙 아크도 커지지 않아 파워 스윙이 불가능하다. 단적인 예로, 야구 선수에게 오른팔을 몸에 붙인 상태에서 공을 던지라고 해보자. 오른팔이 몸에 딱 붙은 상태에서 무슨 파워가 나오겠는가? 오른팔을 넓고 크게 휘둘러야만 강한 공을 던질 수 있을 것이다. 골프에서도 마찬가지다.

이제 쟁반을 받치듯 오른팔을 몸에 붙이고 스윙하라는 예전의 이론은 과감하게 잊어버리자. 오른팔을 쭉 뻗으면 왼쪽 팔과 어깨의 당김이 느껴지고 스윙 아크를 크게 가져가게 된다. 아크가 커진 백스윙은 자신 있는 다운스윙으로 연결되므로 파워 스윙을 극대화하는 결과를 체험할 수 있을 것이다.

▲ 바른 자세

▲ 나쁜 자세

🏌️ Out to In 스윙이 아니라 In to Out 스윙이다?

골프 스윙은 하나의 동작이며 다운스윙은 그중 일부분에 불과하다. 다운스윙은 약 0.3초 만에 이루어지는 무척 빠른 동작이기 때문에 가급적 단순하게 할 필요가 있다. 그렇다면 다운스윙은 어떤 이미지를 가지고 하는 것이 좋을까. 마치 중력에 의해 클럽 헤드가 자연스럽게 떨어지는 듯한 느낌의 스윙이 가장 이상적이라 할 수 있다.

왼팔 위주의 스윙은 다운스윙이 시작되는 시점에서 그립의 끝이 타깃 라인을 가리켜야 하고, 이때 클럽 헤드는 임팩트 직전까지 손의 뒤에 머물러 있으므로 인사이드-아웃으로 임팩트에 도달하게 해야 한다. 백스윙에서 다운스윙을 물 흐르듯이 휘두른다면 상체에 힘이 들어가지 않고 척추 각이 유지된다. 클럽 헤드는 백스윙 시 올라갈 때와 같은 궤도로 내려오는 원-플레인 스윙이 형성되어야 하며, 가장 이상적인 구질인 인사이드-인 스윙 궤도가 형성되는 밑거름이 될 것이다.

▲ 바른 자세

▲ 나쁜 자세

다운스윙이 In to In 스윙이 되면 헤드 스피드는 빨라지고 대부분의 경우 스트레이트로 날아가는 구질이 나오게 된다.

3가지 스윙 궤도에 따른 볼의 7가지 비구 방향

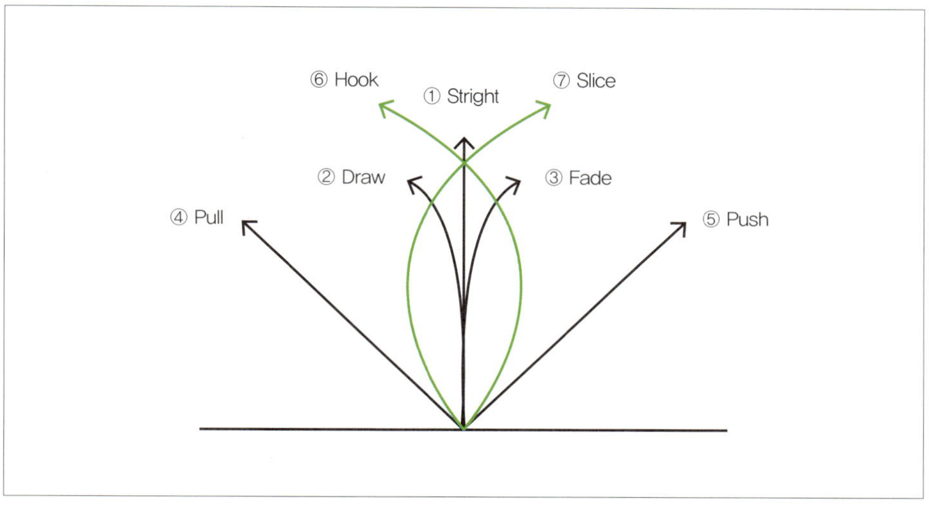

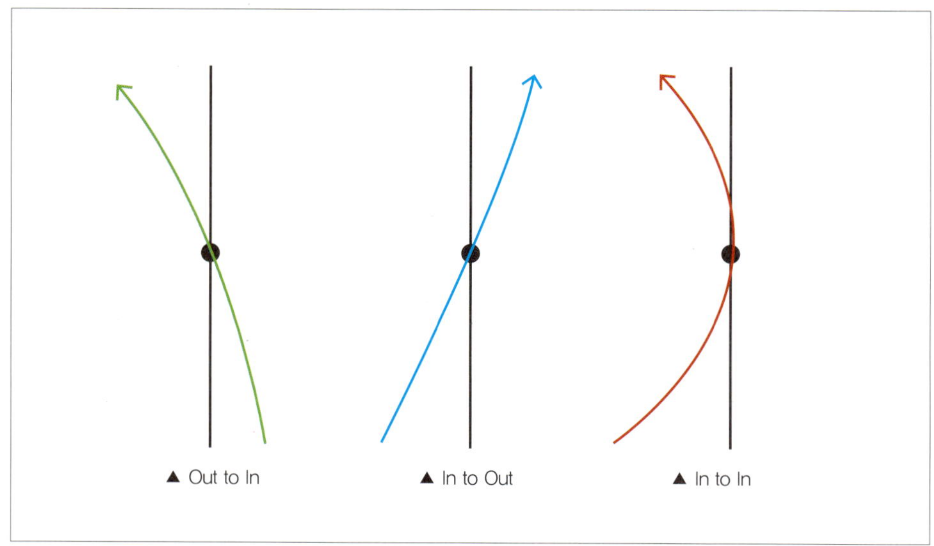

허리 디스크가 있으면 골프를 포기해라?

자주 허리가 아프거나, 허리 부상을 당한 골퍼들이 가장 궁금해하는 것 중 하나가 "허리가 아플 때 골프를 쳐도 되나?", "허리 디스크가 있는데 골프를 포기해야 되나?"이다. 이와 비슷한 예를 들면, 수영이 허리에 좋은 대표적인 운동으로 알고 있지만, 실제로 허리에 좋은 영법과 그렇지 않은 영법이 있다는 사실은 잘 모르는 경우가 많다. 자유형과 배영은 허리 근육을 강하고 부드럽게 만들어 허리 환자에게 좋지만, 접형과 평형은 허리에 충격을 가해 굴곡과 신전을 악화시킨다.

골프에서도 자신의 스윙 자세가 허리에 어떤 영향을 주는지 확인해야 한다. 왼팔 스윙을 하면 허리가 찌그러지는 현상을 볼 수 있다. 반면 오른팔 스윙은 허리의 수평 회전이 이루어져 척추에 전혀 무리가 없고, 디스크가 있는 골퍼의 경우 허리를 단련시키는 효과까지 얻을 수 있다.

▲ 바른 자세

▲ 나쁜 자세

🏌 스탠스는 신체 조건에 따라 다르다?

최신 장비를 사용하면 신체 조건에 따라 스탠스의 너비를 조절할 필요가 없다. 스탠스의 너비는 스윙의 견고함, 민첩성과 관련이 있지만, 많은 골퍼들이 잘못된 상식으로 인해 개인마다 스탠스의 너비를 다르게 가져가는 모습을 볼 수 있다. 오른팔 스윙에서는 스탠스의 너비가 기존보다 넓을 경우 하체의 견고함으로 인해 안정성이 좋아져 다운스윙 시 허리 회전을 증대시킬 수 있다. 하지만 너무 넓은 스탠스는 백스윙 시 오른발로 이동한 체중이 왼발로 이동하지 않고 임팩트가 형성되어 역체중 현상이 나타난다. 그러면 볼이 좌측으로 치우치는 풀 구질과 슬라이스가 발생할 수 있다.

연습 스윙으로 클럽을 휘둘렀을 때 양 무릎이 비틀거리지 않는 정도가 그 사람의 스탠스 기준이라고 생각하면 된다. 즉, 신장과 체형에 관계없이 하체가 고정되는 것을 기준으로 스탠스의 너비를 조절해야 오른팔 스윙을 보다 자연스럽게 할 수 있다.

▲ 바른 자세

▲ 나쁜 자세

🏌 체형에 따라 스윙을 다르게 한다?

업라이트 스윙(upright swing), 플랫 스윙(flat swing)의 유행으로 많은 아마추어 골
퍼들이 본인이 좋아하는 스윙 궤도를 연습한다. 그러나 주의해야 할 것은 개인에
따라 근력과 유연성, 신체 조건이 각각 다르기 때문에 똑같은 방법으로 연습을 해
도 각기 다른 스윙 플랜이 나온다는 것이다. 즉, 업라이트 궤도는 신장이 크고 체형
이 가느다란 골퍼들에게 자연스런 현상이며, 플랫 궤도는 신장이 작고 다소 뚱뚱
한 체형의 골퍼에게 자연스럽게 나오는 것이지 본인이 만드는 것이 아니다.

골프 주요 용어

- **업라이트 스윙**(upright swing) : 클럽을 휘두르는 각도가 활 모양으로 지면과 수직에 가까운 상태.
- **플랫 스윙**(flat swing) : 스윙할 때의 클럽 헤드가 그리는 궤도를 면으로 생각할 경우, 그 면과 지
  면이 이루는 각도가 작은, 즉 평면에 보다 가까운 스윙.

🏌 아이언은 찍어 치고, 우드는 쓸어 쳐라?

클럽마다 찍어 치는 것과 쓸어 치는 것은 만드는 게 아니라 접근 각의 차이에 있다. 접근 각이란 헤드가 다운스윙 때 볼을 타격하는 각도를 말하며, 접근 각이 가파를수록 찍어 치게 되고, 접근 각이 완만할수록 쓸어 치게 되는 것이다.

그렇다면 접근 각을 결정하는 요소는 무엇일까? 첫째, 샤프트 길이에 따라 백스윙 동작이 접근 각을 다르게 만든다. 둘째, 볼 포지션의 변화만 있어도 찍어 치고 쓸어 치는 느낌을 받을 수 있다.

즉, 볼 포지션이 왼쪽에 있으면 접근 각은 상대적으로 완만해지고, 오른쪽에 있으면 접근 각이 가파르게 찍혀 들어가는 것이다. 그러므로 오른팔 스윙에서는 찍어 치는 컨트롤과 쓸어 치는 컨트롤을 따로 구분하지 않고 샤프트 길이와 볼 위치에 따라 자연스럽게 쳐야 한다.

rightswing

골프의 기본
입문자를 위한

Part
2

1 / Chapter

골프란 무엇인가?

🏌 골프의 시초

골프는 옛날 스코틀랜드 지방에서 양을 기르던 목동들이 끝이 구부러진 나뭇가지로 돌멩이를 날리며 무료한 시간을 달래던 놀이에서 유래되었다. 이후 초원은 페어웨이로, 나무막대기는 골프 클럽으로, 웅덩이는 홀컵으로 발전했다. 스코틀랜드의 고어인 'golf'는 '때리다'라는 의미로 고프(goulf)에서 그 어원을 찾을 수 있다.

1900년	함경남도 원산항의 한국 정부 세관 관리로 고용된 영국인들이 세관 안의 유목산 중턱에 6홀의 골프장을 만들어 개장한 것이 최초이다.
1921년	미국인 '댄트'의 설계로 지금의 서울 효창공원에 9홀의 코스가 만들어졌다.
1924년	일본인에 의해 서울 청량리 골프장이 18홀로 개설되었다. 이를 계기로 한국 골프사상 처음으로 '경성골프구락부'라는 골프 클럽이 탄생하였다.
1929년	처음으로 '전 조선 골프 선수권 대회'를 개최하였다.

🏌 골프의 특성

골프는 자연과 사람이 더불어 호흡하고 자연을 즐기는 경기이며, 심판원 없이 플레이어의 자율과 양심으로 치르는 경기이다. 남녀노소 누구나 즐길 수 있고, 플레이어의 동의하에 초보자의 핸디캡을 인정해 주는 가장 공평한 스포츠이다. 또 시작부터 끝날 때까지 수많은 장애물을 극복해 가는 동안 정직과 겸손함을 배우는 '인생 스포츠'라고도 표현한다. 골프는 한 명 혹은 4명까지 팀을 만들고 공을 골프채(club)로 쳐서 정해진 구멍에 집어넣는 운동으로, 세계의 많은 사람들이 여가 스포츠와 비즈니스 스포츠로 즐기고 있다. 정식 경기는 18홀의 골프장에서 하며 홀(hole)마다 적은 타수로 홀컵에 넣는 쪽이 이긴다. 한 홀씩 대결하는 매치 플레이 방식과 18홀 전체 코스에서 소요된 타수를 세는 스트로크 플레이 방식이 대표적인 시합 방법이다. 특히 경기장은 정해진 형태가 아니라 지형에 따라 다양한 모습을 가지는 것이 특색이고, 동반자마다 새롭게 느끼며 플레이하는 것이 골프의 매력이다.

골프를 쉽게 표현하면 골프 클럽으로 볼(직경 4.3~4.5cm)을 쳐서 가장 적은 타수로 수백 미터 떨어져 있는 직경 10.8cm의 홀컵에 볼을 넣는 경기이다. 이때 코스

의 각 홀마다 몇 번 만에 볼을 홀컵에 넣어야 하는지 타수가 정해져 있으며, 이 규정 타수대로 쳤을 경우 파(par)라고 부른다. 예를 들어 파4홀이라고 하면 4번의 타수 만에 홀 아웃을 해야 파를 하게 된다는 뜻이다. 대부분의 골프장은 파 72를 기준으로 삼고 있으며 간혹 해외에는 71이나 73을 기준으로 하는 골프장들도 있다. 18홀을 모두 파(par)로써 홀 아웃을 하면 규정 타수인 72타를 치는 것이며, 이를 '파 플레이(par play)' 또는 '이븐 파(even par)'라고 표현한다. 만약 모든 홀을 파경기로 끝내지 못했더라도 18홀을 도는 동안 토털 타수가 72타를 기록했다면 역시 파 플레이, 이븐 파로 부를 수 있다.

　각 홀에서 규정 타수보다 1타 적게 기록한 경우는 '버디(birdy)'라고 표현한다. 예

를 들어 파5홀에서는 4타 만에, 파4홀에서는 3타 만에, 파3홀에서는 2타 만에 홀
아웃 하는 경우를 말한다. 규정 타수보다 2타 적게 홀컵에 넣으면 '이글(eagle)'이
라 하고, 규정 타수보다 3타 적게 홀컵에 넣으면 '앨버트로스(albatross)'라고 표현
한다. 골프의 기록 중 가장 나오기 힘든 것이 앨버트로스인데, 간혹 파5홀에서 나
오는 앨버트로스는 홀인원(hole in one)보다도 희귀한 것으로 PGA 프로들도 일생
에 한 번 하기가 어려울 정도다.

'홀인원'은 티잉 그라운드에서 한 번의 타격으로 볼을 홀컵에 넣는 경우를 말한
다. 파3홀에서 홀인원이 나왔다면 3타가 규정 타수인 곳에서 1타 만에 홀 아웃을
한 것이므로 이글이기도 하다. 만약 파4홀에서 홀인원이 나왔다면 그것은 홀인원
과 동시에 앨버트로스이기도 하다.

반면 각 홀에서 규정 타수보다 1타를 더 많이 친 경우 '보기(bogey)'라고 부른다. 즉, 파3홀에서 4타, 파4홀에서 5타, 파5홀에서 6타를 기록했다면 모두 보기를 했다고 표현한다. 또한 규정 타수보다 2타를 더 치면 '더블 보기(double bogey)', 3타 더 치면 '트리플 보기(triple bogey)'이다. 18홀에서 매홀 평균 파보다 1타씩을 더 쳤으면 '보기 플레이'라고 부른다. 파72 코스에서 평균적으로 보기 플레이를 하여 18타를 더 치면 72+18=90타가 되고, 1라운드당 평균적으로 90타를 치는 골퍼를 '보기 플레이어(bogey player)'라고 부른다.

스코어(Score)	STROKE	PAR 5	PAR 4	PAR 3
홀인원(hole in one)		1	1	1
앨버트로스(albatross)	−3	2	(1)	*
이글(eagle)	−2	3	2	1
버디(birdie)	−1	4	3	2
파(par)	0	5	4	3
보기(bogey)	1	6	5	4
더블 보기(double bogey)	2	7	6	5
트리플 보기(triple bogey)	3	8	7	6
쿼트리플 보기(quadruple bogey)	4	9	8	7
퀸튜플 보기(quintuple bogey)	5	10	9	8
섹스튜플 보기(sextuple bogey)	6	11	10	9
셉튜플 보기(septuple bogey)	7	12	11	10
악튜플 보기(octuple bogey)	8	13	12	11
난뉴플 보기(nonuple bogey)	9	14	13	12
데큐플 보기(decuple bogey)	10	15	14	13

남자 경기의 경우 파3홀은 거리가 239m 이하, 파4홀은 240~445m, 파5홀은 446m 이상이 통상적인 거리이다. 여자 경기의 경우는 파3홀은 195m 이하, 파4홀은 196~379m, 파5홀은 380m 이상을 통상적인 거리로 권장하고 있다. 골프장의 정규 코스는 18개의 홀로 구성되며 홀은 보통 파3홀 4개, 파4홀 10개, 파5홀 4개

로 구성되어 파72가 된다. 그러므로 (파3×4개 홀=12타)+(파4×10개 홀=40타)+(파5×4개 홀=20타)=(12타+40타+20타)=72타가 기본 타수로 나오게 된다.

홀	홀 수	파	규정 거리	
			남	여
par 3	4	12	239m까지	195m까지
par 4	10	40	240~445m	196~379m
par 5	4	20	446m 이상	380m 이상
계	**18**	**72**		

골프 코스의 구성과 플레이 방법

🏌 골프 코스

골프 코스는 일반적으로 18홀이 한 단위로 구성되며, 한 홀마다 티잉 그라운드 (Teeing Ground), 스루 더 그린(Through the Green), 그린(Green), 해저드(Hazard) 등 4개 구역으로 만들어진다. 즉, 홀들이 모여 골프 코스를 이루는데 홀에는 보통 18, 27, 36, 54, 72홀 등이 있고, 보통 18홀을 기준 코스로 해서 파3홀(PAR3) 4개, 파4홀 (PAR4) 10개, 파5홀(PAR5) 4로 구성된다. 1번 홀에서 9번 홀까지를 클럽 하우스부터 밖으로 나가는 플레이라 하여 아웃코스(out course)라 부르고, 10번 홀에서 18번 홀까지를 밖에서 클럽 하우스 쪽으로 들어간다고 하여 인코스(in course)라 부른다.

대부분의 골프장은 각 코스마다 클럽 하우스로 돌아오도록 배치되어 있다. 1번 홀에서 18번 홀까지 도는 것을 1라운드, 1번 홀에서 9번 홀까지의 아웃코스 또는 10번 홀에서 18번 홀까지의 인코스 중 9홀만 플레이 하는 것을 퍼블릭 라운드 (public round) 혹은 하프 라운드(half round)라고 한다. 최근에는 아웃코스, 인코스라 부르지 않고 북 코스, 남 코스 또는 색깔이나 코스 지형의 특징 등으로 부르는 골프장도 많이 생기는 추세다.

🏌 골프 코스의 종류

챔피언 코스(Champion Course)

챔피언 코스는 PGA TOUR 시합 개최가 가능한 시설로, 연습장을 비롯해 갤러리 및 경기 개최에 대응할 수 있는 모든 시설을 갖추었으며, 근대 골프 시합 조건에 맞도록 길게 건설된 코스이다. 토너먼트 코스(tournament course)라 부르기도 하며 18홀 길이가 얼마 전까지는 6,400미터 이상 권장되어 왔으나 최근에는 6,900미터 이상 요구되고 있는 추세다.

레귤러 코스(Regular Course)

주로 아마추어 골퍼들이 사용하는 코스이며 규모가 큰 경기에 대응할 수 없는 시설이지만 일반 아마추어 골퍼들에겐 난이도나 길이가 짧지 않은 코스이다.

이그젝티브 코스(Executive Course)

4,000m 이하의 거리로 시설이 빈약하여 비기너 골퍼가 주로 연습하는 코스이다. 대부분 PAR3 홀로 구성되었으며 거리가 짧기 때문에 쇼트 게임을 연습하기에 적절한 코스다. PAR3 골프장이라고 부르기도 한다.

🏌 코스의 구성

티잉 그라운드(Teeing Ground)

티잉 그라운드는 일반적으로 티(tee), 티 마크(tee mark)라 부르며 각 홀에서 플레이어가 첫 번째로 볼을 치는 지역을 말한다. 티잉 그라운드에는 두 개의 티 마크라는 표시물이 있는데, 이 티 마크를 연결하는 가상의 선(line)보다 홀 방향으로 나와서 티 샷을 하면 룰에 위반된다. 티 마크에 연결된 가상의 선이 스타트 라인이며, 또한 그 가상의 선에서 골프채 2개를 합친 길이보다 뒤로 벗어나 티 샷을 해도 룰

에 어긋난다. 이렇듯 티잉 그라운드는 골프장마다 모양과 크기가 다르지만 모든 플레이어에게 공정하게 임할 수 있는 공간이 정해져 있는 것이다. 위에서 언급한 부분을 위반하면 2벌타를 받게 되어 있다.

또한 이 티잉 그라운드는 볼이 어떠한 것에도 영향을 받지 않도록 티(tee)라는 도구에 볼을 올려 놓고 최적의 상태로 샷을 할 수 있는 유일한 구역이다. 한 홀의 티잉 그라운드에는 티 마크가 3개 이상 설치되어 있다(많게는 5개가 설치된 코스도 있다). 그린에서 가장 멀리 설치되어 있는 챔피언(토너먼트) 티잉 그라운드, 일반적으로 아마추어 골퍼들이 주로 사용하는 레귤러 티잉 그라운드, 여성 골퍼들이 사용하며 홀에서 가장 가까운 곳에 설치된 레이디 티잉 그라운드로 구분된다. 이렇듯 티잉 그라운드의 호칭은 여러 가지인데, 일반적으로 프로 골퍼들의 공식 경기는 챔피언 티잉 그라운드나 토너먼트 티잉 그라운드라 정해진 곳에서 진행되며, 아마추어들은 골프장 측에서 그때그때 지정하는 티잉 그라운드를 사용하는 것이 일반적이다. 즉, 같은 홀에서 플레이어의 상황에 따라 거리 차이가 구분되는 것이다.

> tip _ 티의 명칭은 설치하는 위치와 수에 따라서 다음과 같이 구분할 수 있다. 2개의 티가 배열되어 있을 경우 전면의 티를 레이디 티(lady tee), 프론트 티(front tee)라 하며, 후면의 것을 백 티(back tee) 또는 챔피언 티(champion tee)라고 한다. 티가 3개인 경우는 앞쪽부터 레이디 티(lady tee), 레귤러 티(regular tee), 백 티(back tee)라고 부르기도 한다.

페어웨이(Fairway)

첫 티 샷을 티잉 그라운드에서 하고 두 번째 샷을 하는 곳이 페어웨이다. 페어웨이는 공을 치기 좋게 항상 잔디를 짧게 깎아 놓은 곳으로 좋은 조건을 가진 구역이다. 홀의 길이와 그 홀의 페어웨이 길이는 거의 같다고 볼 수 있으며, 페어웨이의 폭은 좁게는 15~30미터, 넓게는 30~60미터 정도이다. 즉, 페어웨이는 제2타(second shot), 제3타(third shot)를 플레이하는 곳으로 잔디의 상태가 깊은 러프(rough)와 구분되어 있다.

해저드(Hazard)

골프 경기의 난이도를 어렵게 만들기 위해 조정적·전략적 측면에서 홀 내에 설치한 장애물로 벙커(bunker), 마운드(mound), 연못(pond), 수로, 나무 등 자연 장애물 구역을 말한다.

① 벙커

벙커는 홀 내의 페어웨이에 산재하거나 그린 주변 등에 설치된 인공 장애물로 움푹 팬 공간에 모래로 덮어 놓은 장애물을 말한다. 벙커는 해저드로서의 역할만 하는 것이 아니라 샌드(sand)의 색깔, 위치, 크기, 모양 등의 변화에 따라 코스에 생동감을 부여하는 중요한 요소이다.

- 윙 벙커(wing bunker) : 페어웨이 사이드로 나란히 늘어져 있는 벙커
- 크로스 벙커(cross bunker) : 페어웨이 중간을 횡단한 벙커
- 가드 벙커(guard bunker) : 그린 주변에 붙어 있는 벙커(사이드 벙커 또는 그린 벙커라고도 한다.)

② 기타 해저드

샌드 해저드 이외의 코스 내에 있는 해저드를 알아보면 워터 해저드(water hazard)와 잔디 벙커(grass bunker) 그리고 마운드(mound) 해저드가 있고 수목도 해저드에 들어간다.

퍼팅 그린(Putting Green)

　퍼팅 그린은 퍼팅을 하기 위해 잔디를 짧게 깎아 잘 정비해 둔 곳으로 보통 그린 (green)이라고도 한다. 그린 위에는 최종적으로 공을 넣는 구멍이 위치하는데 이를 홀(hole)이라 한다. 퍼팅 그린에는 한지형(양 잔디류) 잔디로 크리핑 벤트그래스 (creeping bentgrass) 잔디와 켄터키 블루그래스(kentucky bluegrass) 잔디를 주로 사용한다. 반면 페어웨이는 주로 난지형(한국 잔디류) 잔디로 조성된다.

　퍼팅 그린에 사용되는 한지형 잔디의 특징은 다음과 같다.
- 잔디의 녹색 기간이 길다.
- 잔디 손상 시 회복 속도가 빠르다.
- 잔디밭 조성 속도가 빠르다.
- 예초 후 잔디 품질(mowing quality)이 좋다
- 단점으로는 여름철 야간 온도가 25℃ 이상 되는 일수가 연속적으로 5~7일이면, 잔디의 극심한 스트레스(저장 영양분 고갈)에 의해 병 발생과 뿌리에 손상이 잘 나타난다.

- 양 잔디로 조성 시 수분 요구도가 높으므로 관수 능력(10mm/day 이상) 확보가 필수적이며, 관수뿐 아니라 수직 및 표면 배수가 잘 이루어지도록 조성되어야 한다.

아웃 오브 바운스(Out of Bounds)

아웃 오브 바운스는 홀 이외의 경기가 허용되지 않는 지역을 말하며, 그 경계는 통상 흰색 말뚝을 박아 구분하거나 흰색 말뚝 간격에 흰색 선을 그어 놓은 라인(line)이다. 그 라인을 벗어나면 1벌타를 받는다. 흔히 줄여서 오비(OB)라고 부른다.

🏌 골프 게임 종류

골프 경기 방식은 크게 '스트로크 플레이'와 '매치 플레이' 2가지로 나뉘는데, 이는 단지 우승자를 가리는 방법의 차이만 있다. 스트로크 플레이, 매치 플레이에서 변형된 여러 가지 방법으로 얼터니트, 베스트 볼, 스크램블, 스킨스, 스테이블 포드, 라스 베이거스 등이 있다.

스트로크 플레이(Stroke Play)

스트로크 방식은 말 그대로 친 타수를 모두 합한 수가 적은 사람이 우승하는 방식이다. 골프의 기본 정신에 가장 근접하고 정확한 골프 실력을 가릴 수 있는 방식이기 때문에 많은 PGA 시합에서 이 방식으로 플레이를 한다. 즉, 가장 적은 타수로 해당 라운드를 끝내는 플레이어가 승자이다. A플레이어가 69타를 치고 상대 B플레이어가 72타를 쳤다면 A플레이어가 승리하는 것이다. 스트로크 플레이에서 룰(rule)을 위반했을 경우에는 2벌타나 1벌타 또는 실격을 받는다. 스트로크 플레이에서 스코어를 기록할 때는 서로 상대방의 스코어를 기록하며 본인이 본인 스코어를 적을 수 없다. 따라서 매 홀이 끝날 때마다 제대로 기록되고 있는지 각자 확인해야 나중에 불이익이 없다. 라운드를 마친 후에는 반드시 스코어 카드에 사인을 하고 상대방에게 보여 준다. 스트로크 플레이에서는 본인의 볼이 상대방의 캐디 또는 장비를 맞혔을 경우 벌타 없이 공이 놓인 곳에서 그대로 플레이하지만 본인 캐디나 본인 장비에 맞게 되면 2벌타의 벌점을 받게 된다.

매치 플레이(Match Play)

매치 플레이는 각 홀마다 해당 홀의 승자를 결정하고 18홀이 모두 끝나는 단계에서 이긴 홀의 수가 많은 쪽이 승자가 되는 플레이 방식이다. 가장 오래된 형태의 플레이 방식으로 현재는 스트로크 플레이가 세계적으로 가장 많이 통용되고 있지만 골프 초창기에는 매치 플레이를 주로 했었으며, 유럽에서는 여전히 인기가 높은 플레이 방식이다. 원칙적으로 플레이어 두 명이 맨 투 맨으로 대결하게 되는데, 한 홀을 이기면 업(up), 졌을 땐 다운(down), 무승부일 경우 하프(half)라고 하며 이긴 홀과 진 홀이 동수일 경우 올 스퀘어(all square)라고 표현한다. 비기너 골퍼일수

록 좋은 스코어를 내기가 힘들기 때문에 매치 플레이를 선호하는 편이다. 매치 플레이는 스트로크 플레이보다 초보자가 상급자를 이길 수 있는 가능성이 높다고 할 수 있다. 매치 플레이에서 규칙을 위반했을 경우 일반적인 벌칙은 한 홀을 잃게 되고, 자신의 볼이 상대방의 캐디 또는 장비를 맞혔다면 다시 한 번 샷을 할 수 있는 선택권을 얻는 것이 특징이다.

얼터니트(Alternate)

하나의 볼을 같은 팀 선수들이 번갈아 치는 방식으로 팀을 이룬 경기이다. 매치 플레이나 스트로크 플레이로 경기를 진행할 수 있다. 네 사람이 두 명씩 조를 짜서 자신들의 볼을 교대로 쳐 나가는 포섬(foursomes) 방식, 세 사람이 2:1로 경기하는 방법으로 1명은 자기 볼만 치고, 2인 1조는 볼을 교대로 치는 개인과 팀과의 플레이 방법인 스리섬(threesomes), 한 팀 선수가 매 홀 각기 티 샷을 한 후 둘 중 좋은 위치의 볼을 선택하여 플레이하는 얼터니트(alternate)의 변형 방법이 있다.

베스트 볼(Best Ball)

매 홀마다 한 팀의 선수들은 각자 자기 볼만 치며 플레이하고, 한 홀마다 자기 볼로 경기를 치르며 그중 가장 좋은 스코어만 선택하여 최종 스코어를 집계하는 방식이다. 이 게임에서는 포섬과 같이 4명이 2개 조로 편을 갈라 대전하는 포볼(four-ball) 방식이 있는데, 각자가 자기 볼로 플레이한 후 팀의 좋은 스코어를 그 홀의 스코어로 적용한다. 따라서 같은 편의 한 사람이 매우 잘 치는 경우 나머지 팀원 플레이어가 최악의 스코어가 나와도 승부에 상관없는 경기 방식이다. 또 스리볼(three-ball) 방식은 포볼 방식과 같으며, 3명이 2:1로 편을 갈라 대전하는 플레이로 베스트 스코어를 선택할 수 있는 2명의 팀원이 더 유리한 방식이다.

스킨스 게임(Skins Game)

18홀 각각에 상금이 걸려 있는 방식으로, 홀마다 최고로 잘 친 플레이어가 그 홀의 상금을 가져간다. 최고 성적이 2명 이상 나오면 그 홀은 무승부가 되고 해당 홀의 상금은 다음 홀로 누적되며 다음 홀에서 제일 잘 친 플레이어가 상금을 모두 가져가게 된다. 그러므로 실력도 중요하지만 집중력과 운도 따라야 하는 경기 방식으로 볼 수 있다.

스크램블(Scramble)

팀을 이룬 선수들이 각자 티 샷을 한 후 가장 좋은 위치의 볼을 결정하여 그 선택한 위치에서 다시 팀원 각자가 다음 샷을 하는 경기 방식이다. 가장 좋은 위치의 볼을 치기 때문에 가장 좋은 스코어를 기록할 수 있는 경기 방식으로 볼 수 있다.

라스 베이거스(Las Vegas)

스킨스 게임의 변형으로 전 홀에서 스코어 1위와 4위, 2위와 3위가 한 팀이 되어 매 홀 2명의 스코어를 합해 홀 매치를 하는 게임이다.

골프 클럽 피팅

🏌 골프 클럽 피팅의 필요성

골퍼들은 근력과 유연성, 지구력 등 체형과 신체 능력이 다르며 경기 능력과 심리적인 반응도 각각 다르다. 그러므로 고가의 유명 브랜드 클럽이라 하더라도 모든 골퍼에게 최적의 클럽으로 적용되는 것은 아닐 수 있다. 골퍼들 각각의 손 사이즈에 맞는 적당한 크기의 그립, 신장과 팔 길이에 맞는 샤프트, 스윙 플랜에 따른 라이 각도, 스윙 스피드와 템포에 따른 샤프트 강도뿐만 아니라 볼의 발사 각도에 따른 클럽 헤드 선정이 중요하다. 또 신체 연령에 따른 근력, 유연성의 차이 등 골퍼의 특성에 맞는 클럽의 다양한 조합은 최대의 효과를 발휘할 수 있으며, 부상도 예방할 수 있다.

이제부터 골퍼들에게 없어서는 안 될 클럽 피팅(custom fitting)의 3가지(1. 그립 2. 샤프트 3. 클럽 헤드) 구성 요소를 알아보자.

그립의 둘레(사이즈)와 무게를 고려해야 한다.

① 손에 맞는 그립 사이즈(대표적인 그립 사이즈 : 0.60과 0.58 두 종류)를 선택한다.
② 클럽의 전체 무게와 클럽의 무게 중심점을 참고하여 그립의 무게를 결정한다.

손의 크기에 비해 그립 사이즈가 두꺼우면 슬라이스의 원인이 될 수 있고, 얇으면 훅이 발생할 확률이 높다. 또한 그립의 무게가 가벼우면 무게 중심이 클럽의 아래쪽으로 내려가 스윙 중에 헤드 무게를 쉽게 느낄 수 있으므로 비기너 골퍼에게 적합하다. 반대로 그립의 무게가 무거우면 클럽 전체의 무게 중심이 샤프트 위쪽으로 가기 때문에 헤드 무게가 아닌 샤프트의 감각을 느낄 수 있는 상급자나 프로들에게 적합하다.

🏌 클럽 피팅 구성 요소 2-샤프트

샤프트의 종류에 따라 무게, 휘어지는 위치(bending point), 토크(torque)의 강도(당겨지는 힘-regular, stiff)가 다르다.

스윙 스피드는 스윙의 템포(어드레스에서 클럽을 들었다가 내려칠 때 걸리는 시간) 및 타이밍(다운스윙 때 몸의 움직임 순서)과 관련이 있다. 스윙 스피드가 빠른 골퍼는 샤프트가 무겁고, 토크가 강한(stiff) 클럽을 사용해야 볼을 똑바로 치기 쉽다. 이는 스윙 스피드에 맞는 타이밍, 템포의 안전성, 최대한의 비거리를 얻기 위함이다. 반대로 스윙 스피드가 느린 경우에는 상대적으로 샤프트가 가볍고, 토크가 약한(regular) 클럽을 사용해야 적합하다.

샤프트의 올바른 선택은 적은 힘으로 샤프트의 뒤틀림을 발생시켜 최대의 비거리와 정확성을 얻기 위해서이다. 골프 피팅에서 골프 스윙 자체에 가장 많은 영향을 미치는 것이 샤프트이므로 많은 관심을 가져야 할 부분이다.

헤드 디자인, 라이 각도, 로프트 각도, 솔 각도가 있다.

헤드 모양은 골퍼의 개인적인 실력에 따라 선택하는 것이 좋다. 아이언을 예로 들면 비교적 쉬운 캐비티백 아이언(cavity-back iron), 중간 수준의 하프 캐비티 아이언(half cavity iron), 최상급자용의 블레이드 아이언(blade iron) 등이 있다.

라이 각도는 임팩트 순간에 솔(sole : 클럽 헤드의 밑바닥)이 지면과 수평하게 맞추어야 한다. 임팩트 순간 클럽 헤드의 토(toe) 쪽이 위로 향하면 공이 오른쪽으로 휘게 되고, 반대로 헤드의 힐 쪽이 들려 있으면 왼쪽으로 휘는 샷이 나올 수 있다.

로프트 각도는 각각의 클럽에서 해당 골퍼의 스윙에 가장 일관된 비거리와 일관된 탄도(trajectory : 날아가는 탄도)가 나올 수 있도록 목표 지점을 향한 헤드의 기울기를 조절하는 것이다.

바운스 각도는 특히 웨지(wedge) 클럽 등에 해당하는 사항으로 바운스(헤드의 바닥면)의 각도에 따라 임팩트 후 발생하는 지면(잔디 위나 벙커 안에서의 모래)과의 상태를 조절할 수 있다. 보통 솔 각도라고도 부른다. 바운스 각도가 크면 헤드가 지면에 닿은 후 지면 속으로 파고들지 않기 때문에 샌드 웨지 등의 몇몇 웨지들은 대부분 높은 바운스 각도를 가지고 있다. 반대로 바운스 각도가 낮으면 임팩트 후 클럽 헤드가 지면을 파고 들어가므로 그린 주변 잔디에서 백스핀에 필요한 어프러치 샷에 유리할 수 있다. 바운스 각도는 각 골퍼들의 스윙 스타일과 쇼트 게임 공략 스타일에 따라 선택하는 것이 현명하다.

클럽		별칭	길이 (인치)	로프트 (도)	라이 (도)	표준 비거리 (미터)
우드	1	드라이버(Driver)	45	10	57	230
	2	브래시(Brassie)	43.5	12	57.5	220
	3	스푼(Spoon)	43	15	57.5	210
	4	배피(Baffie)	42.5	18	58	200
	5	클리크(Cleek)	40	21	58	190
아이언	1	드라이빙 아이언(Driving Iron)	40	15	57	190
	2	미드 아이언(Mid Iron)	39.5	17	57.5	180
	3	미드 매시(Mid Mashie)	39	20	58	170
	4	매시 아이언(Mashie Iron)	38.5	24	58.5	160
	5	매시(Mashie)	38	28	59	150
	6	스페이드 매시(Spade Mashie)	37.5	32	60	140
	7	매시 니블릭(Mashie Niblick)	37	36	61	130
	8	피처(Pitcher)	36.5	40	62	120
	9	니블릭(Niblick)	36	44	63	110
피칭 웨지			35.5	48	63.5	100
어프로치 웨지			35	52	63.5	90
샌드 웨지			35	56	63.5	80
로브 웨지			35	60	63.5	70
퍼터			34	3~4		

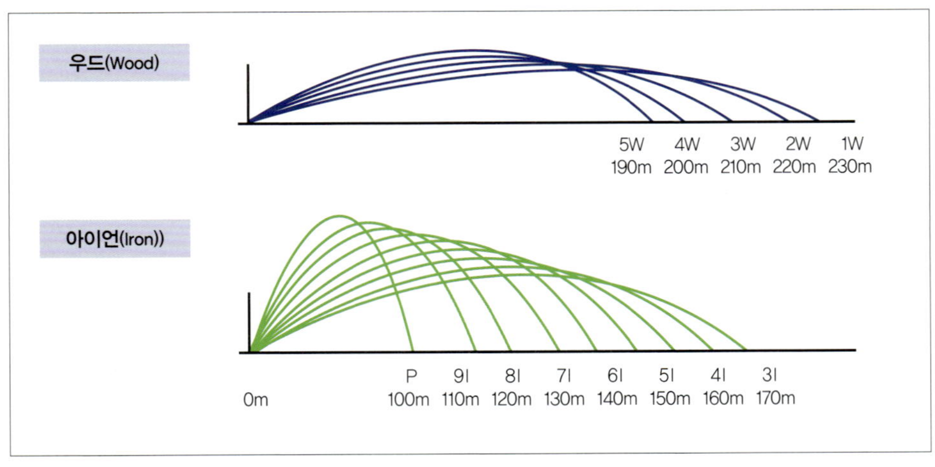

 Part 2. 입문자를 위한 골프의 기본

🍸 피팅 가이드(피팅 세부 요건에 대한 우선순위)

1단계 : 골퍼의 인터뷰 및 분석

피팅 받을 골퍼의 정보

① 나이, 신장, 체중

② 골프 경력(구력), 평균 스코어, 핸디캡

③ 코스에서 플레이 방법, 연습장에서 연습 습관, 신체적 제약

④ Up&Down Percentage

골퍼 개인의 볼 치는 경향

① 탄도 : 로프트, 중력의 중심, 샤프트를 결정한다.

② 볼을 치는 임팩트 포인트 : 샤프트 무게, 스윙 웨이트, 길이와 중심을 결정한다.

③ 비거리 : 로프트 조절, 길이 조절, 중력 중심 찾기, 샤프트 무게와 샤프트 플렉스가 비거리를 결정한다.

④ 샷 패턴 : 라이 각도 조절, 페이스 각도 조절, 샤프트 무게 조절, 스윙 무게 조절, 샤프트 플렉스와 토크가 결정한다.

골퍼의 목표

① 플레이어가 비거리 향상을 원할 때 : 비거리 향상을 위한 최대 효과를 가진 모든 클럽을 체크한다.

② 플레이어가 방향성 향상을 원할 때 : 일관된 방향성을 위한 최대 효과를 가진 모든 클럽을 체크한다.

③ 볼의 탄도를 높게 치기 원하거나 탄도를 낮게 치기 원할 때 : 볼 탄도를 높게 치거나 낮게 치는 데 최대의 효과를 가진 모든 클럽을 체크한다.

④ 강한 임팩트를 원할 때 : 임팩트 때 느낌에 대한 최대의 효과를 가진 모든 클럽을 체크한다.

2단계 : 골프채 길이 피팅

1) 전에 쓰던 클럽의 길이를 재 본다. 그리고 현재 가지고 있는 클럽의 길이가 플레이어에게 적당하고 편안한지 분석해 보는 것이 중요하다. 클럽의 길이가 짧으면 정확성이 좋을 수는 있으나 비거리가 적게 나올 수 있고, 클럽의 길이가 길면 정확성보다 비거리를 향상시키는 데 적합하다.

2) 여러 가지 테스트 클럽을 사용하여 임팩트 때 스위트 스폿(sweet spot)에 근접하면서 강하게 칠 수 있는 긴 클럽을 찾는다.

3) 그립을 쥘 때 대략 1인치 내에서 더 짧게 잡으면 컨트롤 샷이 가능한데, 볼을 정확하게 맞히면서 비거리를 향상시킬 수 있다.

3단계 : 클럽의 라이 각도 피팅

1) 라이 각도는 클럽의 솔을 지면에 정확하게 붙였을 때 샤프트와 지면이 이루는 각도이다.

2) 라이 각도 피팅 방법으로 클럽 페이스에 볼이 맞는 부분을 표시해 본다. 클럽 페이스에 맞는 부분이 4분의 1인치마다 밑바닥 중심의 앞쪽이라면 라이를 1도 정도 업라이트하게 만든다. 반대로 4분의 1인치마다 맞는 지점이 밑바닥 중심 부분을 향한다면 라이를 1도 정도 아래로 평평하게 만들어야 한다.

4단계 : 로프트 각도 피팅

1) 로프트 각도는 클럽의 솔을 지면에 정확하게 붙였을 때 클럽 페이스와 지면이 이루는 각도이다.

2) 로프트 각도의 피팅은 비거리와 탄도에 변화를 줄 수 있다. 드라이버 헤드 스피드가 80마일이 안 되는 골퍼는 12도 이상의 로프트를 갖춘 드라이버로 최대의 비거리를 낼 수 있으며, 드라이버 헤드 스피드가 80마일 이상의 빠른 골퍼일수록 로프트가 12도 이하인 드라이버를 선택해야 최대의 비거리를 낼 수 있다.

5단계 : 샤프트 피팅

1) 샤프트의 종류는 크게 스틸 샤프트(still shaft)와 그라파이트 샤프트(graphite shaft)가 있다. 샤프트를 선택할 때는 비거리와 정확성이 골퍼에게 어떻게 작용할지를 생각해야 한다. 그라파이트 샤프트는 가볍고 토크(torque : 비트는 힘에 대한 샤프트의 저항)가 높으며 높은 탄도의 구질과 더 많은 비거리를 얻을 수 있다. 반면 스틸은 무겁고 토크가 낮으며 낮은 탄도, 일관되고 정확한 구질을 얻을 수 있다.

골퍼의 헤드 스피드가 95마일(m/h) 이상이면 비거리에 대한 손실이 적으므로 방향성이 좋은 스틸을 사용하는 데 무리가 없다. 헤드 스피드는 근력, 속근(속도와 관련된 근육)의 발달, 연습의 정도에 따라서 많은 변화가 있다. 헤드 스피드가 빠른 골퍼가 그라파이트 샤프트를 사용할 경우 헤드의 무게감을 느끼지 못할 수 있으며, 샤프트의 통제가 적으므로 볼이 좌, 우로 날리거나 악성 훅 구질이 나올 수 있다.

스윙 템포가 빠른 골퍼일수록 스틸 샤프트를 사용하는 게 유리할 수 있다. 스윙 템포란 백스윙에서 임팩트까지의 시간을 의미하는데, 빠를수록 톱 스윙에서 샤프트가 많이 휘게 된다. 그라파이트 샤프트의 경우 탄성으로 인해 많은 비거리를 얻을 수도 있지만, 필요 이상의 탄성을 얻게 되는 경우 방향성에 문제가 되는 구질이 나올 수 있다. 그래서 젊고 근력이 발달할수록 스틸 샤프트를 선호하는 것이며, 샤프트 선택에 있어서 가장 중요시해야 될 부분이기도 하다. 보통 아이언 샤프트(iron shaft)는 스틸, 그라파이트 샤프트가 대략 50~60g 정도의 무게 차이를 보인다. 무거운 샤프트는 클럽 자체가 무거워지는 것을 의미하며 이는 헤드 스피드의 저하를 가져와 비거리의 감소를 유발한다. 근력이 좋은 골퍼일 경우 무거운 샤프트를 사용하면 실수를 상당히 줄일 수 있다. 만약 근력이 무척 좋아 무거운 스틸 샤프트로도 빠른 템포와 빠른 헤드 스피드를 낼 수 있다면 그라파이트 샤프트보다 더욱 향상된 비거리를 낼 수 있다.

임팩트 때 입사 각도가 가파른 골퍼에게도 스틸 샤프트를 권장한다. 입사 각도는 다운스윙에서 임팩트 시 클럽이 공을 타격하기 위해 내려오는 각도를 의미하는데, 이 각도가 가파를수록 볼에 많은 스핀을 줄 수 있고, 저탄도로 출발해 점점 솟아오르다가 떨어지며, 백스핀이 많이 생기므로 그린에 볼을 바로 정지시킬 수 있다. 이런 스윙을 할 수 있는 골퍼가 스틸 샤프트를 사용하면 보다 더 정확하고 긴 비거리를 낼 수 있다.

그라파이트 샤프트는 무게가 40~115g 정도이며 킥 포인트(kick Point : 샤프트가 최대로 휘는 부분)는 프로용을 제외하고 대부분 로 킥(low kick)이거나 높아야 미드 킥(mid kick)으로 보면 된다.

스틸 샤프트는 다이내믹 골드 샤프트(Dynamic gold shaft)가 대표적이고, 마디마디가 구분이 있으며, 125~135g 정도의 무게가 나간다. 킥 포인트는 하이 킥(high kick)으로 샤프트의 뒤틀림이 적은 샤프트다.

라이플 샤프트(rifle shaft)는 마디가 없는 스틸 샤프트로 115~130g 정도의 무게가 나가고, 킥 포인트(kick Point=bend Point)는 미드 킥이 주로 많이 쓰이고 있다.

NS-PRO 샤프트는 일본에서 제작된 경량 스틸 샤프트로 85~105g 정도의 무게에 킥 포인트는 미드 킥으로 중간 정도의 샤프트 강도를 느낄 수 있다.

2) 1번 우드와 5번 아이언의 스윙 스피드를 알아 놓는다.

3) 기본적인 토털 웨이트(한 클럽의 전체 무게)에 기초하여 샤프트의 무게를 결정해야 필드에서 최대의 샤프트 기능을 발휘할 수 있다. 만약 가벼운 샤프트를 장착

하고 싶다면 토털 웨이트도 가볍게 조정해야 한다. 보편적인 드라이버의 경우 약 200g 헤드에 52g 정도의 샤프트를 장착하고, 48g의 그립을 껴서 45인치 길이의 드라이버를 만들 경우 300g 내외의 토털 웨이트를 가진 드라이버가 탄생하는 것이다.

4) 골퍼에게 맞는 바람직한 무게, 가격 그리고 RSSR(Recommended Swing Speed Rate)을 가진 샤프트를 찾는다.

5) 스윙의 템포가 빠른 골퍼는 조금 더 높은 RSSR 버전의 샤프트를 선택한다. 반대로 스윙의 템포가 느린 골퍼는 RSSR가 더 낮은 샤프트를 고르도록 한다.

6) 샤프트의 사양을 보면 밴드 포인트를 킥 포인트라고 표기하는 곳도 있다. 둘은 같은 의미이며, 샤프트에는 3가지 종류의 밴드 포인트가 있다.
- Low : 그립 쪽 부분이 강하고, 헤드 쪽 부분이 약하다.
- Mid : 그립과 헤드 쪽 모두 같은 강도를 가진다.
- High : 그립 쪽 부분이 약하고, 헤드 쪽 부분이 강하다.

밴드 포인트를 고를 때 주의할 점은 스윙을 해보며 오로지 느낌에 의존하여 골라야 한다는 것이다. 샤프트의 낮은(low) 부분이 밴드 포인트인 경우는 헤드 스피드가 낮거나 임팩트 때 헤드 무게를 느끼길 원하는 골퍼에게 적합하다. 샤프트의 중간(mid) 부분이 밴드 포인트인 경우는 볼을 세게 치고 싶거나 샤프트가 단단한 느낌을 원하는 골퍼에게 적합하다. 마지막으로 샤프트의 높은

(high) 부분이 밴드 포인트인 경우는 아마추어 클럽 챔피언이나 프로 골퍼들에게 적합한 샤프트라 할 수 있다.

6단계 : 스윙 웨이트 피팅

1) 스윙 웨이트(swing weight)는 스윙할 때 느끼는 클럽 헤드의 무게감이고, 골프채의 그립 끝 지점과 클럽 헤드 무게 사이의 상관관계를 말한다. 스윙 웨이트는 영문으로 표기하며 C9, D1, D2, D3 등 영문 숫자가 커지면 그립에 비해 헤드의 무게가 더 무거운 것으로 스윙 웨이트가 높다는 뜻이다. 영문 표기는 A~F까지 사용하고 더욱 자세한 계산 방법으로 A는 10, D는 40을 적용하며, 뒤에 숫자를 덧붙여 D2인 경우 42의 스윙 웨이트로 인식하면 된다. 클럽 무게만 따질 경우 3번 아이언보다 높은 번호(3Iron~9Iron)로 갈수록 더 무겁지만 실제로 스윙을 해보면 각각 아이언 클럽들의 헤드 무게감을 일정하게 맞춰 같은 느낌으로 스윙할 수 있도록 만드는 것이 스윙 웨이트이다. 클럽 전체를 동일한 스윙 웨이트로 세팅할 필요는 없으나 3번 아이언에서 피칭까지는 동일한 스윙 웨이트를 적용하여 일관된 헤드 무게감으로 스윙하는 것을 선호한다.

2) 가벼운 스윙 웨이트는 임팩트감 저하, 스윙 템포의 가속, 너무 낮으면 비거리 저하, 훅(hook)이나 풀(pull) 샷 등이 발생한다. 반면 무거운 스윙 웨이트는 임팩트 감 향상, 스윙 템포의 감속, 헤드 무게를 느끼면서 스윙하기, 적절히 높이면 비거리 향상, 슬라이스(slice)나 푸시(push) 샷 등이 발생한다

3) 클럽의 길이에 따른 범위 내에서 최종 스윙 웨이트를 결정한다.

① 스탠더드 길이 : 남자는 C8~D3, 여자는 C3~C7

② 1인치 초과한 길이 : 남자는 D3~D9, 여자는 C8~D3

7단계 : 그립 사이즈 피팅

1) 그립 피팅은 손의 사이즈에 따라 그리고 스윙 웨이트를 조절할 목적으로 크기와 무게를 달리하여 그립을 교체하게 된다. 두께를 손 크기에 맞도록 조절하는 것은 대체로 문제가 없지만, 샤프트의 무게와 스윙 특성에 맞는 스윙 웨이트를 맞추기 위해 무게 조절은 필수라고 할 수 있다.

2) 손에 비해서 그립이 너무 얇으면 훅이나 드로 구질이 나올 가능성이 크다. 반대로 손에 비해서 그립이 너무 두꺼우면 페이드나 슬라이스 구질이 나오기 쉽다. 그립의 굵기에 따라 볼의 구질이 변하는 것은 나무젓가락과 야구 배트를 들고 스윙하는 경우를 생각해 보면 쉽다. 어느 것이 임팩트 이후에 양손의 릴리스(release : 풀어주는 동작) 또는 롤링(rolling : 오른손이 왼손을 감는 동작)이 수월할지를 생각해 보면 이해하기 쉬울 것이다.

드라이버 스윙 스피드	추천하는 드라이버 로프트 각도	
	Conventional	Oversize
70mph(112km/h) 이하	13도	13도
70~80mph(112~128km/h)	12도	12도
80~90mph(128~144km/h)	11도	11도
90~100mph(144~159km/h)	10~10.5도	9~10도
100mph(159km/h) 이상	9.5도 이하	9도 이하

▲ 스윙 스피드에 따른 드라이버 로프트 각도

시니어 스펙 CPM	아시안 스펙 CPM	미국 스펙 CPM
215	A 225	235
225	L 235	245
235	R 245	255
245	SR255	265
255	S 265	275
265	X 275	285

▲ 드라이버 샤프트 진동 수치(CPM)

드라이버 캐리 비거리	드라이버 스윙 스피드	플렉스	5아이언 캐리 비거리	5아이언 스윙 스피드
237미터 초과	105mph 초과	X	182미터 초과	90mph 초과
210~237	90~105	S	164~182	80~90
166~192	80~90	R	146~164	70~80
155~182	70~80	A	128~146	60~70
137~155	60~70	L	109~128	50~60
137 미만	60 미만		109 미만	50 미만

▲ 스윙 스피드에 따른 샤프트 플렉스 선택

🏌 여성용 피팅의 특성

① 길이 및 라이

여성 골퍼들은 클럽이 길면 클럽을 통제하거나 컨트롤하기 어렵다. 클럽의 길이는 힘과 균형에 많은 영향을 미치므로 여성 골퍼들에게 길이 조절은 신중하고 중요하게 다루어야 할 사항이다. 또 어드레스 자세의 높이 차이를 정확히 분석하여 라이(lie)를 조정해야 한다.

② 샤프트 플렉스 및 웨이트

여성 골퍼는 스스로 컨트롤과 통제가 가능하도록 가볍고 유연한 샤프트를 선택하는 게 좋다.

③ 로프트 각도

대부분의 여성 골퍼는 스윙할 때 헤드 스피드가 느리기 때문에 큰 로프트(12도 이상)의 클럽 헤드를 장착해야 비거리를 늘릴 수 있다.

④ 스윙 웨이트와 토털 웨이트

가벼운 토털 웨이트로 결정해야 클럽을 빠르게 휘두르기 쉬우며, 스윙 웨이트는 너무 가볍지 않게 해야 헤드 무게를 느끼면서 강한 임팩트를 만들 수 있다.

⑤ 헤드 디자인 선정

여성 골퍼들은 클럽의 디자인을 중요하게 생각하는데, 최대한 편하고 쉬운 클럽을 선택하는 것이 좋다. 클럽에 낮은 무게 중심의 헤드를 장착해야 볼을 쉽게 띄울 수 있으며, 솔이 넓은 아이언을 선택하는 것이 좋다. 캐비티백 아이언(Cavity-back iron)은 모든 여성 골퍼에게 적용해야 한다. 머슬백 아이언(Muscle-back iron) 타입은 남자 프로들이 사용하는 클럽이다.

⑥ 골프 클럽의 세트 메이크업

우드 로프트가 높아야 필드에서 편하게 공을 띄울 수 있으므로 3번 우드보다는 5번 우드나 7번 우드가 적당하다. 3번이나 4번 아이언은 치기 어려우므로 5번 아이언부터 아이언 클럽을 세팅하는 것이 여성 골퍼에게 유리하다.

⑦ 그립 사이즈

대부분의 여성 골퍼는 손 크기가 작으므로 손가락 마디가 밀착되는 그립 사이즈를 선정해야 하며, 그립과 밀착할 수 있는 장갑 선정도 중요하다.

샌드 벨트 센더

샌드 벨트 센더는 주로 샤프트의 팁(샤프트 밑 부분)을 갈아 낼 때 쓰인다. 기계에 맞물려 있는 벨트의 거친 표면이 고속 회전을 하면서 스틸 샤프트의 팁 부분을 갈아 내는 방식이다. 벨트만 실크 벨트로 바꾸면 그라파이트 샤프트의 팁 클리닝 작업을 할 때도 쓸 수 있다. 또 그 외 피팅에 사용하는 여러 가지 공구나 도구들을 갈 때 쓰기도 한다.

헤드 분리기

클럽 헤드를 샤프트에서 분리하기 때문에 헤드 분리기라고 표현한다. 스크류 모양의 바이스 부분에 클럽을 올려놓고 분리를 위한 준비를 한다.

① 헤드는 앞쪽 바이스 부분에 걸쳐 놓고 스크류 모양의 바이스를 이용하여 샤프트 부분을 단단하게 고정시켜 준다. 이때 주의할 점으로 바이스가 샤프트를 너무 강하게 조이면 샤프트에 손상이 생길 수 있으니 조심해야 한다.

② 히트건(heat gun)을 이용해 헤드의 호젤 부분과 넥 부분에 열을 가한다.

③ 헤드 분리기에 헤드와 샤프트를 걸고 잡아 뺀다. 일반적으로 나사를 돌려 뺄 수 있도록 되어 있다.

④ 페럴을 제거한다.

⑤ 호젤을 깨끗이 청소해서 이물질이 없게 한다.

⑥ 샤프트를 호젤 속에 끼워 들어가는 깊이를 정확히 측정한다.

⑦ 샤프트 도색(도금)을 제거한다.

⑧ 새 페럴을 삽입한다.

⑨ 새 접착제를 혼합한다.

⑩ 헤드 호젤과 샤프트 팁에 접착제를 바른다.

⑪ 헤드 호젤에 샤프트를 천천히 돌리면서 삽입한다.

⑫ 호젤 밖으로 나온 접착제를 깨끗이 닦아 준다.

⑬ 고정된 상태를 유지하며 건조시킨다.

마지막으로 주의할 점은 헤드와 샤프트를 조립할 때 반드시 골프 클럽용 에폭시를 사용해야 한다는 것이다. 골프용 에폭시는 나중에 분리를 염두에 둔 열에 약한 에폭시인데, 일반 공업용 에폭시를 사용하면 나중에 분리할 때 어려움이 있다.

스윙 웨이트 측정기

스윙 웨이트를 측정하는 장비이다. 측정기에 클럽을 올려놓으면 그립과 클럽 헤드 부분이 서로 상대적인 비율로 측정되어 헤드가 얼마나 무거운지 혹은 가벼운지를 숫자로 나타내 준다. 기계를 평지가 아닌 곳에 설치하면 잘못된 무게를 측정할 수 있으니 반드시 평지에 설치해야 하며, 평지를 잡아 주기 위해 기계의 중앙에 측정기가 설치되어 있다. 클럽의 전체 무게는 저울을 이용하기도 하지만 스윙 웨이트 측정기로도 확인이 가능하다.

① 스윙 웨이트 14도를 수평으로 놓는다.

② 클럽 헤드의 토가 밑을 향하도록 한다.

③ 추를 옮겨 샤프트와 헤드가 평형을 이루도록 하고, 스케일에 쓰인 문자와 숫자를 읽는다.

④ 스윙 웨이트는 정확한 표준이 없으나 남자는 C9~D2, 여자는 C0~C4로 평균을 잡으면 된다.

CPM 측정기

CPM(Cycle Per Minete) 측정기는 레이저 프리퀸시 측정기라고도 부른다. CPM은 1분당 샤프트의 진동 수를 말하는데, 1분 동안 진동시키는 게 아니고 그립 쪽을 고정한 후 헤드를 살짝 팅겨 주면 센서가 샤프트의 상하 진동을 감지하여 1분간 진동할 수 있는 숫자를 자동으로 표시해 준다. 드라이버 샤프트의 경우 헤드와 그립을 끼운 상태에서 측정하면 원하는 샤프트를 찾을 수 없기에 요즘 드라이버의 기준 무게인 195그램의 추를 우드 헤드 대신 끼우고 CPM을 측정하여 샤프트의 강도를 알아내는 것이다. 드라이버, 우드, 아이언과 등 샤프트의 강도를 측정할 때 쓰는 장비이다.

그립 스테이션

그립을 교체하거나 그립의 두께를 수정하기 위한 장비이다. 테이블 위에는 그립을 바꾸기 위해 샤프트를 잡아 주는 바이스부터 그립 테이프, 그립을 담아 놓을 수 있는 바구니, 그립 체인지가 완성된 클럽을 세워 놓을 수 있는 마운트까지 다양하게 세트로 구비되어 있어 그립 스테이션이라 부른다.

샤프트 절단기

요즘 나오는 샤프트 절단기는 기존의 것보다 많이 업그레이드되었다. 업그레이드된 모델은 샤프트를 절단할 때 물이 분사되면서 샤프트의 찌꺼기나 분진 가루가 날리지 않아 깔끔하게 자를 수 있다.

퍼터 및 아이언 밴딩 머신

밴딩 머신은 퍼터 및 아이언의 로프트와 라이를 측정할 수 있으며, 피팅 후 나온 결과를 토대로 라이나 로프트를 원하는 수치만큼 조정할 수 있는 기계이다. 헤드의 넥 부분을 잡고 수정하는 밴딩 바와 샤프트의 굴곡 면을 잡고 휠 수 있는 밴딩 바 2가지로 나뉘어 있기 때문에 작업이 매우 용이한 편이다.

골프장의 종류

🏌 회원제 골프장과 대중 골프장의 차이

골프장은 사용자의 범위에 따라 회원제(private) 골프장과 대중(public) 골프장으로 나눌 수 있다. 처음 골프장이 만들어질 때는 그 목적이 사교를 위한 것이었기에 회원제로만 운영되었으나, 이후 골프 인구가 늘고 대중적인 스포츠로 발전함에 따라 누구나 쉽게 이용 가능한 대중 골프장이 생겨나게 되었다. 우리나라의 퍼블릭 골프장은 9홀로만 이루어진 곳이 많아 18홀을 마치기 위해 같은 코스를 두 번 도

는 경우를 종종 본다. 하지만 요즘에는 18홀로 구성된 퍼블릭 골프장이 많이 생기는 추세다. 퍼블릭 골프장은 예약을 기본으로 하지만 누구나 선착순으로 예약할 수도 있고, 값이 상대적으로 싸다는 것이 회원제 골프장과 차별화되는 부분이다. 요즘 생기는 퍼블릭은 회원제 골프장과 구별이 안 될 만큼 시설이 좋은 곳도 많다. 미국의 경우 최고 아름다운 코스로 알려져 있는 페블비치 골프장도 퍼블릭으로 운영한다.

회원제 골프장은 멤버십(membership) 골프장이라고도 부른다. 많은 돈을 지불하고 회원권을 구입한 회원만 라운딩을 할 수 있으며, 비회원은 회원이 초청해서 같이 동반한 경우에만 이용할 수 있다. 최소 18홀 이상으로 구성되어 있으며, 회원에 한하여 예약이 가능하다. 회원이 예약하고 난 후 남은 자리가 있으면 일반인도 예약이 가능하나 회원이 우선이다. 회원의 혜택은 주말과 휴일에도 라운딩이 가능하며 월 4~8회의 라운딩을 보장한다. 그린 피(필드 사용료)는 면제 혹은 비회원 가격의 약 3분의 1 금액만 지불한다. 회원 수는 대략 9홀 기준으로 250명 정도를 모집하는 것이 일반적이다. 회원권은 부동산으로 등기를 요하며, 회원권 시세가 오르기도 하고 내려가기도 하기 때문에 투자의 목적으로 많이 활용되고 있다. 회원제 골

프장의 회원권 금액은 거리와 시설, 홀 수 등에 따라 차이가 있는데, 보통 4,000만 원부터 20억 원까지 다양하다. 현재 우리나라에는 퍼블릭 포함해 300개의 골프장이 있으며 앞으로 약 200개를 더 증설하여 500개 골프장을 갖추게 될 것이다.

🏌 스크린 골프

스크린 골프는 라운딩 기회가 적은 직장인에게는 편안한 놀이 공간이고, 필드에 나갈 실력이 되지 않는 비기너 골퍼에게는 필드를 간접 경험하게 해주는 곳이기도 하다. 더욱이 불볕더위나 장마 등 기상 조건이 좋지 않은 시기에 인기가 높고, 기온이 영하로 떨어지는 한겨울 등 날씨에 구애받지 않고 골프를 즐길 수 있는 것이 매력이라고 할 수 있다. 요즘 스크린 골프장에 가서 보면 필자도 감탄할 정도로 샷에 대한 인식 능력이 상당한 경지에 도달했다는 것을 느낀다. 샷을 했을 때 훅(hook), 슬라이스(slice), 톱핑(topping) 등 샷에 대한 느낌이 치는 순간 그대로 스크린에 표현되고, 드로(draw)나 페이드(fade)도 어느 정도 인식하는 것을 보면서 앞으로 스크린 골프의 리얼한 기술에 기대하게 된다. 보통 인도어 연습장에서만 연습하다가 실제 필드를 가 보면 많이 당황하고 정신없어 하지만 스크린 골프에서의 라운딩은 급할 것 없이 편하게 치므로 실제 필드에서의 두려움을 해소하는 데 도움이 되며,

코스 공략법을 익히는 데도 어느 정도 도움이 된다고 생각한다. 또한 어떤 스크린 골프장은 스윙 플레이트(swing plate)가 공의 위치와 경사면에 따라 움직임이기 때문에 실제 필드의 예상치 못한 라이 상태에 따라 여러 가지 샷을 구사해 볼 수 있다는 장점도 있다. 실제로 필드에 나가지 전 스크린 골프에서 같은 코스를 라운딩해 본다면 오비(Out of Bound), 워터 해저드, 벙커 등 사전에 공략할 수 있는 위치를 파악하게 되므로 실제 필드에서 유용하게 적용할 수 있을 것이다.

🏌 스크린 골프의 노하우

스크린 골프는 오비 구역, 워터 해저드의 위치, 페어웨이(fairway)의 길이와 폭, 그린의 빠르기와 경사도 등 리얼하게 코스를 내장하고 있으므로 본인의 골프 스타일에 맞는 코스를 선택하여 플레이하면 상대적으로 쉽게 스코어의 낼 수 있다. 장타자이지만 오비를 자주 내는 골퍼라면 페어웨이가 비교적 넓고 길며 그 주변에 오비나 해저드보다는 평평한 페어웨이 위주로 구성된 코스가 유리하다. 반면 비거리는 나지 않으나 또박또박 정교한 샷을 구사하는 골퍼라면 페어웨이가 좁고 러프(rough)나 벙커(bunker)가 많이 설치되어 있는 코스를 선택하는 것이 편하다. 따라서 스크린 골프에 내장된 골프 코스의 특성을 미리 숙지하고 있다면 본인에게 맞는 코스에서 연습하기에 도움이 될 것이다. 스크린 골프장의 대부분 코스는 실제 골프장의 코스 설계와 난이도 면에서 많은 부분이 비슷하며, 실제로 가 본 적이 없어 전혀 정보가 없는 코스는 스크린 골프를 제공하는 회사의 인터넷 홈페이지에 특이 사항, 난이도, 기타 정보가 있어 새로운 코스를 공략하는 데 무리가 없다.

스크린 골프를 작동시키는 컴퓨터만 잘 활용해도 타수를 줄이는 데 도움이 된다. 대부분의 스크린 골프에는 공략하고자 하는 방향을 좌우로 조절할 수 있는 기능이 내장되어 있다. 즉, 컴퓨터 자판의 커서 키를 이용하여 목표로 하는 방향을 미리 정한 후 스크린의 정중앙을 향해 어드레스를 함으로써 얼라이먼트(alignment) 설정의 어려움에서 벗어날 수 있다. 실제 필드에서는 목표 지점으로 어드레스 정렬하는 것이 가능하지만, 스크린에서는 현장감이 떨어지므로 이 기능을 적절히 활용하면 많은 도움이 된다. 이러한 상황은 바람이 옆쪽 방향으로 부는 경우, OB나 해저드를 피해서 공략하고자 하는 경우, 그린 주변에서 그린의 빠르기와 경사도가 좌우로 흐르는 경우 등 다양하게 공략할 때 사용된다.

러프, 페어웨이, 벙커, 바람 등에 따른 거리의 계산 방법이 있다. 요즘 나온 스크린 골프의 센서는 거의 근접하게 거리와 방향을 표현한다. 그러므로 바람이 없는 평지의 페어웨이에서는 스크린에 표시되는 거리에 맞추어 클럽을 선택하면 볼이 정확하게 목표점에 도달한다.

tip_ 목표 지점이 샷의 지점보다 오르막 또는 내리막에 위치한 경우 스크린에 표시된 거리에다 표고 차(높낮이)를 플러스하거나 마이너스해서 계산한다. 오르막 10m당 거리 10m를 더 내고 내리막 10m당 10m씩을 적게 보내야 한다.
러프에서는 긴 잔디로 의한 저항을 받는데 20% 정도 거리가 감소하는 것으로 인식한다. 그러므로 남은 거리에 약 20%의 거리를 플러스 계산하면 된다. (페어웨이 벙커에서는 약 30%, 그린 사이드 벙커에서는 약 40%의 저항이 발생하는 것으로 인식한다.)

🏌 스크린 골프에서 거리 계산하기

실제 거리 100m이며 러프에 볼이 떨어져 있는 상황이다. 그린까지 오르막 10m, 맞바람은 10m/s로 불고 있고, 비 오는 날인 경우 계산법은 다음과 같다.

100m(실거리) + 10m(맞바람 1클럽) + 20m(러프의 상황 10%) + 10m(오르막) + 20m(비바람 약 15~20%) = 160m

tip_ 기상 상태에 따라 거리 차이가 생기는데, 비가 오거나 바람이 부는 날에는 캐리와 런이 줄어들므로 15~20% 정도 거리를 더 보면 된다. 이는 20% 정도 거리의 감소로 작용한다. 그리고 바람의 영향을 고려하여 스크린에 표시된 바람 강도에 따라 뒤바람과 앞바람의 약 10m/s당 한 클럽 정도 각각 과감하게 플레이하면 된다. 10m/s 전후의 강한 바람에서는 퍼팅 시에도 공의 방향이 미세하게 영향을 받으므로 적용하도록 한다.

5 Chapter 골프 심리

골프 멘탈은 심리학, 생리학, 운동 역학 등이 총동원되는 복잡한 영역이지만, 그 주장의 핵심은 심플하다. 훈련을 통해 기초적인 동작을 몸에 익히게 한 다음 이를 무의식적으로 재연하는 것으로 표현할 수 있다. 즉, 마음보다 몸을 훈련하는 게 먼저이며, 마음은 몸을 따라오기 마련이라 볼 수 있다. 골퍼라면 누구나 골프를 할 때 체력이 차지하는 비중이 매우 높다는 사실을 인정할 것이다. 많은 PGA 프로들은 골프에서 체력의 비중을 50%라고 서슴없이 주장하고 있다. 필자는 스윙 기술

60%, 체력 20%, 심리 20%를 아마추어 골퍼들에게 적용해야 한다고 생각한다. 대부분의 아마추어 골퍼들은 잘못된 샷이 나올 경우 심리적인 문제라고 판단하여 라운딩 중에도 심리적인 면을 수시로 확인한다. 하지만 아마추어 골퍼들이 미스 샷을 내는 원인의 90% 이상은 기술적인 요인이라고 생각해야 한다.

즉, 골프 멘탈은 "기술에 따른 확신이 자신감으로 나타난다."는 가정 아래 행동을 관찰하고 분석하는 것이다. 골프가 예민한 운동이라는 것은 골퍼라면 누구나 다 알고 있는 사실이다. 필드에서 미스 샷을 했다면 이러한 행동을 한 이유가 어디에 있는지 그 근본 원인을 찾아야 한다. 골프 기술을 배우고 기억하며 실행하는 문제들도 마음의 기능에서 이루어진다는 것, 모든 사고와 행동은 우리의 마음속에서 이루어진다는 것을 인식해야 한다. 골프는 시작에서 마무리까지 긴 시간에 걸쳐 진행되며, 그 과정이 모두 일관되지 않기 때문에 모든 스포츠를 합쳐 놓은 통합 스포츠라 표현할 수 있다. 그러므로 골프를 잘하기 위해서는 실질적인 기술과 체력을 키우고 이에 효율적인 집중력을 활용할 수 있는 응용이 필요하다. 그렇다면 골프의 기술을 뒷받침해 주는 골프 멘탈 5가지 방법을 배워 보도록 하자.

1. 게임의 승패는 심리적인 영향이 중요함을 인식하라

골프는 상대적인 게임이기 때문에 심리적 영향을 피할 수가 없다. 골프 경기에서 팽팽한 접전을 벌이다가 어느 선수의 실수 한 번으로 경기가 급격히 한쪽으로 쏠리는 모습을 흔히 볼 수 있다. 물 흐르듯 유연하던 움직임이 한 번의 실수로 말미암아 어깨에 과도한 힘이 들어가고 서두르게 되어 평소 쉽게 처리하던 1m 퍼팅도 놓치는 경우가 발생한다. 그 이유는 골퍼의 기량이 모자란 것이 아니라 불안감으로 인해 심리적인 동요를 일으켰기 때문이다. 힘이 좋은 20대보다 30~40대의 경험 많은 선수가 경기에서 우위를 점할 수 있는 이유도 바로 오랜 경험에서 오는 노련미와 집중력이 뛰어나기 때문이라고 할 수 있다.

2. 골프 호흡법을 연습하라

　어떤 스포츠에서나 호흡법은 매우 중요하다. 육상을 비롯해 사격, 양궁에서도 호흡법이 경기력에 큰 영향을 미치며, 골프 또한 마찬가지이다. 따라서 골프 호흡법을 먼저 익히는 것이 좋은 훈련 방법이다.

골프 클럽을 들고 티잉 그라운드에 올라서면 가장 먼저 정렬(alignmen)할 지점을 선택한다. 그런 다음 프리 샷 루틴의 습관적인 움직임을 하면서 어드레스를 정립하고 마지막 백스윙 직전 호흡법을 연상한다. 백스윙 시의 작은 실수는 엄청난 결과를 유발할 수 있다는 것을 명심하고 호흡을 편안하게 하면서 몸에 긴장감을 풀어 주어야 미연에 실수를 방지할 수 있다.

3. 항상 일관된 템포를 유지하라

어드레스부터 백스윙, 피니시까지 걸리는 시간이 약 3초라면 항상 일관적인 템포를 유지하도록 부단한 연습을 해야 한다. 그래야 실제 경기 중 자세가 흐트러질 때 본인의 템포로 체크하면 쉽게 문제점을 찾아낼 수 있다.

4. 연습을 할 때 필드에서 볼을 치듯이 모방하라

평소 연습장에서 혼자 연습을 할 때도 실제 필드에서 치는 것처럼 한 타 한 타 신중하게 하면 실전에서 자신의 심리적인 동요를 컨트롤하기가 훨씬 쉬워진다. 또한 퍼팅 그린에서 흔들림을 확연하게 제어할 수 있고, 퍼팅 스트로크를 시작하기 전 프리 샷 루틴을 일관되게 연습하면 퍼팅 터치를 부드러운 진자 운동으로 구사할 수 있다.

5. 정신을 집중하는 습관을 길러라

퍼팅 그린에 올라가면 호흡을 조절하여 가다듬고 본인의 볼에만 집중해야 한다. 호흡이 가쁘다는 것은 심리적으로 흥분되어 있다는 증거이므로 심호흡을 통해 잡념을 버리고 3~4초 프리 샷 루틴을 한다. 볼에서 눈을 떼지 않으면 단순하게 볼을 정확하게 겨냥하는 것뿐만 아니라 정신을 한곳으로 모을 수 있는 집중력이 생기게 된다.

골프 에티켓

코스 내의 에티켓

플레이 안전

플레이어는 스윙을 하기에 앞서 클럽이 휘둘러지는 범위 내에 사람이 있는지 확인해야 한다. 스윙을 할 때는 돌, 자갈이나 나뭇가지 등이 날아가 사람이 다치지 않도록 주의해야 하며, 사람이 있는 방향으로는 연습 스윙을 하지 말아야 한다.

동반 플레이어

티 그라운드에서 오너(honor : 전 홀에서 스코어가 제일 좋은 선행권이 있는 플레이어)는 동반자 중에 제일 먼저 플레이하는 권리가 인정된다.

플레이어가 어드레스 자세 및 프리 샷 루틴에 들어가면 동반 플레이어는 움직이거나, 말을 하거나, 볼을 치고 있는 플레이어의 근처나 바로 뒤에 서 있으면 안 된다. 또한 플레이어는 전방의 조가 볼의 도달 거리 밖으로 나갈 때까지는 볼을 치지 말고 대기해야 한다.

플레이 시간

동반 플레이어나 다른 팀을 위하여 경기에 시간을 끌지 말고 지체 없이 플레이해야 한다.

본인의 볼을 워터 해저드에 분실하였거나 OB가 될 염려가 있으면 시간 절약을 위해 잠정구를 치고 나간다.

티 샷을 한 후 볼을 찾는 데 5분 이상 길어지면 뒤쪽 팀에게 패스를 권하는 것도 매너 있는 모습이다. 이때 패스를 받은 뒤쪽 팀이 볼의 도달 거리 밖으로 완전히 벗어날 때까지는 플레이를 충분히 기다려 준다. 한 홀 퍼팅 그린에서 플레이가 끝나면 신속히 퍼팅 그린을 떠나 다음 홀로 이동해야 한다. 만일 어떤 팀이 코스에서 지체하여 앞 팀과의 간격을 한 홀 이상 비웠을 때는 후속 팀을 패스시켜야 할 책임이 있다.

플레이 선행권

한 팀에 2명으로 플레이하는 팀은 4명으로 플레이하는 팀에 우선권을 주며 패스를 해야 할 책임이 있다. 그러므로 4명을 갖춘 팀이 다음 홀로 패스를 원할 때는 2명의 팀이 흔쾌히 받아들여야 매너 있는 모습이다. 또한 하프 라운드(9홀)만 치는 팀도 18홀을 치는 팀에게 패스시켜야 할 책임이 있으며, 앞 팀이 원할 경우 패스시켜 주는 것이 매너 있는 모습이다.

🏌 코스 보호

벙커의 손상

벙커에서 샷을 한 플레이어는 나오기 전 본인이 만든 디보트 자국이나 발자국을

원래대로 평탄하게 만들어 놓아야 할 의무가 있고 뒤쪽 팀에 대한 에티켓이다.

그린의 손상 1

퍼팅 그린에 올라오면 먼저 본인의 볼을 마크해서 들어 올리고 본인의 피치마크에 의한 그린의 손상이 생겼다면 직접 수리해야 한다.

> **골프** 주요 용어
> - **디보트(divot)** : 골프채에 의해 잔디나 땅이 뜯겨 나간 곳.
> - **피치 마크(pitch mark)** : 볼의 낙하로 인하여 퍼팅 그린 위가 파인 자국.

그린의 손상 2

퍼팅 그린 위로 골프백을 들고 들어가거나 핸드 카트를 끌고 들어가는 일이 없도록 해야 한다. 또한 깃대를 내려놓을 때는 퍼팅 그린이 상하지 않도록 조심해야 하며 홀의 가까이에 서서 깃대를 꽂을 때도 그린에 손상이 가지 않게 주의해야 한다.

홀컵에 들어간 볼을 집어 올릴 때도 홀 주변이 상하지 않도록 조심해야 하며, 특히 퍼터로 볼을 집어 올릴 때 그린에 퍼터 자국이 나지 않게 조심해야 한다.

골프 카트의 손상

골프 카트를 타고 이동할 때는 운행 시의 주의 사항을 지켜야 하며 지정된 길로만 다녀야 한다.

연습 스윙에 의한 손상

코스 내에서 연습 스윙을 하는 건 좋지만 디보트가 많이 생기지 않도록 하는 것이 매너이며, 특히 티잉 그라운드 위에서 디보트를 생기게 하는 일이 없도록 주의해야 한다.

🏌 기본 에티켓 12가지

1 | 티 오프(tee off) 시간은 여유 있게 지켜야 한다. 티 오프 시간에서 5분 이내 지각하면 2벌타 페널티이며, 5분을 경과하면 실격 처리된다.

2 | 동반자의 원하지 않는 어드바이스는 금물이다. 좋은 의도의 말 한 마디가 상대방 플레이에 좋지 않은 영향을 줄 수 있다.

3 | 볼에 표시를 한 뒤 자신의 볼이라는 사실을 서로 확인시키고 시작(tee off)한다.

4 | 페어웨이에서 볼을 칠 때는 홀에서 가장 먼 사람부터 순서대로 기다렸다가 볼을 쳐야 한다.

5 | 퍼팅 그린에서 생긴 본인의 스파이크 자국은 동반자가 모두 홀 아웃 한 후에 고친다. 홀 아웃 전에 고치면 벌타가 주어진다.

6 | 일방적인 멀리건(mulligan : 이전 시도의 결과가 좋지 않은 상태에서 하는 두 번째 시도) 남발은 하지 않아야 한다. 동반자의 실력 저하 및 경기 흐름에 방해될 수 있다.

7 | 샷을 한 후에는 빠른 걸음으로 이동한다. 즉 걸음은 빠르게, 샷은 천천히 신중하게 한다.

8 | 코스 내에서는 흡연을 삼가며, 흡연을 꼭 해야 할 때는 다음 홀로 넘어가는 동안 해야 한다.

9 | 볼을 칠 때는 볼이 놓여 있는 상태 그대로 샷을 해야 한다.

10 | 페어웨이에서 볼을 칠 때 생긴 잔디 뭉치는 반드시 제자리로 옮긴 다음 밟아서 다져 주어야 한다.

11 | 클럽 하우스 식당이나 그늘집 안에서는 모자를 벗는 것이 매너이다(단, 여성은 모자를 써도 된다).

12 | 골프는 신사의 운동이므로 복장에 신경을 써야 한다. 남자의 경우 반바지 착용은 허용되지 않으며, 반바지 착용을 원할 경우 무릎 위까지 올라오는 양말을 신어야 가능하다.

골프 룰

🏌 기본 룰 10가지

1 | 티의 길이는 4인치(10.1cm) 이하여야 한다.

2 | 볼의 무게는 45.93g 이하이어야 하고, 지름 4.26cm 이상이어야 한다(평균 무게 45g, 평균 지름 4.3~4.5cm).

3 | 클럽 헤드의 크기는 470cc 이하이어야 한다. 헤드 반발 계수(COR : Coefficient of Restitution)는 0.830으로 제한하고 있다.

4 | 샤프트 길이는 18인치(45.72cm) 이상이어야 하며 48인치(121.92cm)를 초과해서는 안 된다(단, 퍼터는 제외).

5 | 그립의 횡단면 치수는 1.75인치(44.45mm)를 넘어서는 안 된다. 퍼터를 제외한 그립의 횡단면이 반드시 원형이어야 한다.

6 | 홀로부터 멀리 떨어져 있는 볼부터 쳐야 하며 홀의 승자가 다음 홀의 티업에 우선권을 갖는다(순서를 잘못한 것에 대한 벌타 없음).

7 | 자기편이나 자신의 캐디 이외의 사람에게 조언을 구해서는 안 된다. 또한 자기편이 아닌 플레이어에게 조언을 하면 안 된다.

8 | 볼은 클럽 헤드로만 쳐야 하며 밀거나 끌어당기거나 떠올리면 안 된다.

9 | 경기 때 그립펑이나 보조 용품 등을 사용하면 실격이다(단, 거리 측정기는 허용).

10 | 자기 볼을 식별하기 위해 표시해 두어야 하며, 자기 볼을 확인할 수 없을 때
　　 는 분실구로 처리된다.

🏌 플레이 중의 볼

1 | 플레이어의 볼인지 식별을 위해 집어 올릴 수 있고 필요한 한도만큼 닦을 수
　 도 있으며 원위치에 내려놓고 리플레이한다.

2 | 오구를 쳤을 땐 2벌타 받고 다시 친다(단, 해저드 제외). 매치 플레이 때는 그
　 홀에서 패배한 것이 된다.

3 | 볼이 플레이를 할 수 없을 정도로 손상되었을 때는 다른 볼로 교체할 수 있다
　 (벌타 없음).

♥ 코스 내에서

1 | 스탠스나 스윙을 할 때 외에는 긴 풀을 누르거나 나뭇가지를 꺾지 말아야 한다.

2 | 코스에선 라이나 스윙 구역, 경기선 등을 개선하지 말아야 한다. 또한 스탠스 장소를 만들어서도 안 된다.

3 | 샷을 하기 위해 다른 클럽으로 홀 방향을 지시하는 클럽을 놓아선 안 된다.

4 | 볼이 벙커나 워터 해저드에 있을 때 클럽이 벙커의 모래나 워터 해저드 내의 물과 땅에 닿으면 안 된다(다운스윙 때는 무방).

5 | 플레이를 지연시키거나 홀과 홀 사이에서 많이 늦어지면 2벌타가 주어진다.

6 | 사용하지 않는 그린 위에 볼이 떨어졌을 때는 드롭해야 한다.

♥ 그린에서

1 | 규칙에서 허용된 경우 외에는 그린 위의 라인을 인위적으로 고치지 못한다.

2 | 그린 위에서는 볼을 굴리거나 문질러서 그린 상태를 시험할 수 없다.

3 | 볼의 충격으로 생긴 피치 자국이나 전에 사용한 홀컵 자국은 고칠 수 있으나, 스파이크나 발자국은 고치지 못한다(단, 홀 아웃 이후엔 무방).

4 | 상대방이 퍼팅을 할 때 퍼팅 선상 전후방에 서 있으면 안 된다.

5 | 퍼팅한 볼이 홀컵 가장자리에 걸쳐 있을 때는 10초간 기다릴 수 있고, 그때도 안 떨어지면 플레이를 진행한다.

6 | 자신의 캐디 혹은 같은 편의 플레이어만이 퍼팅 선상을 조언할 수 있다. 단, 퍼팅 그린 면의 접촉과 퍼팅 선을 가리키는 마크를 놓지 못한다.

7 | 다른 볼이 방해가 될 때는 볼을 마크하고 치우도록 요구할 수 있다. 그린 위에서 자신의 볼이 다른 볼을 건드리면 볼을 친 플레이어가 벌타를 받는다.

8 | 매치 플레이를 제외한 게임에선 반드시 홀 아웃을 해야 한다.

  그린 위에서 친 볼이 핀(깃대)이나 핀(깃대)을 잡고 있는 사람에게 맞았을 경우 2벌타이며, 매치 플레이에서는 해당 홀의 패배이다.

🏌 움직이는 볼

1 | 볼이 플레이어나 같은 편, 자신의 캐디나 휴대품에 의해 움직이면 1벌타를 받고 원위치에 놓고 친다.

2 | 국외자(局外者 : 관계자 외의 사람이나 사물)에 의해 움직인 볼은 벌점 없이 원위치에 놓고 치며, 동반자의 볼에 의해 움직인 볼도 원위치에 놓고 친다.

🏌 드롭

1 | 볼을 드롭(drop)할 때는 손에서 볼이 수직 낙하로 떨어져야 한다.

2 | 이런 경우는 다시 드롭한다.

① 드롭 볼이 해저드에 굴러 들어가거나 해저드로 돌아왔을 때

② 아웃 오브 바운드 선상으로 굴러 들어갔을 때

③ 드롭한 볼이 낙하 지면보다 2클럽 이상 굴러 갔을 때

④ 홀 쪽에 가깝게 떨어져 멈추었을 때

⑤ 드롭한 볼이 지면에 닿기 전이나 후에 플레이어나 동반자 또는 자신의 캐디나 휴대품에 접촉하였을 때

⑥ 볼을 집어 들어 올리기 전에 볼의 위치를 마크하지 않았을 때(위반할 경우 1벌타 받고 리플레이스 한다.)

3 | 드롭할 때 플레이어는 똑바로 서서 볼을 들고 팔을 완전히 편 채 어깨높이에서 가볍게 떨어뜨려야 한다. 만약 오구 볼을 드롭했거나 잘못된 방법으로 드롭했을 경우 시정하지 않으면 1벌타 받게 된다.

플레이어 볼이 상대 플레이어에게 핀 선상의 방향 등 도움이 된다고 생각되면 볼을 집어 들 수 있다. 또한 다른 플레이어의 볼이 본인의 플레이에 방해가 된다고 생각하면 그 볼을 집어 들게 할 수 있다.

🏌 자연 장애물

1 | 자연 장애물(loose Impediments)은 고정물이 아닌 자연적인 장애물로 돌이나 나뭇잎, 동물의 배설물과 곤충 그리고 그린 위의 모래 등 땅에 단단히 박혀 있지 않으며 볼에 부착되지 않는 것들을 모두 포함한다. 고인 물(캐주얼 워터)이나 눈 또는 얼음은 자연 장애물로 취급할 수 있으며 이슬과 서리는 자연 장애물로 취급하지 않는다.

2 | 땅에 박히지 않은 큰 돌이 볼 곁에 있을 때 치울 수 있다. 돌이 크더라도 땅에 단단히 박혀 있지 않으면 자연 장애물이다. 큰 돌을 치울 때에 동반 경기자, 캐디, 갤러리 등의 도움을 받을 수 있다.

3 | 공이 해저드에 있을 때는 그 안에 있는 자연 장애물은 치울 수 없다. 공이 벙커 안에 있을 때에 공 곁에 있는 나뭇잎, 나뭇가지, 돌 등을 치우지 못한다.

🏌 인공 장애물

1 | 인공 장애물(obstruction)은 인공 물체로 카트 도로, 통로, 인공 얼음 등을 모두 포함한다. 또한 OB 말뚝이나 벽, 담, 울타리 등은 OB에 속하는 모든 움직

일 수 없는 인공 물건이나 구축물로 포함한다.

2 | 움직일 수 있는 인공 장애물은 어디서든 제거할 수 있으며, 만약 제거하다 볼을 움직여도 벌타 없이 원위치에 놓으면 된다.

> tip _ **움직일 있는 인공 장애물** : 종이 박스, 벙커 고무래, 담배꽁초, 깡통, 비닐봉지, 병, 거리 표시 말뚝이나 워터 해저드 말뚝 등.

3 | 움직일 수 없는 장애물이 스탠스나 스윙에 방해될 경우 공을 한 클럽 범위 안에 홀에서 가깝지 않게 0벌타 드롭할 수 있다.

4 | 홀 선상의 볼이 날아가는 방향선 사이에 인공 장애물이 있어도 드롭할 수 있다.

5 | 벙커에서 드롭은 벙커 내에 해야 하고, 볼이 워터 해저드 안에 있을 때는 0벌타로 드롭할 수 없다.

> tip _ **움직일 수 없는 인공 장애물** : 배수구, 스프링클러, 나무 지지대, 수도, 보호망, 아스팔트, 도로 시멘트, 도로 자갈, 도로 고무판 등.

🏌 정상적이지 못한 코스

1 | 비로 인해 생긴 물웅덩이인 캐주얼 워터나 수리지 표시 지역, 두더지나 쥐가 파 놓은 구멍과 배설물 등에 빠지거나 접촉되었을 때 홀에 가깝지 않게 한 클럽 내에서 0벌타 드롭할 수 있다. 들어 올린 볼은 닦아도 되며 볼이 해저드(벙커)에 있으면 해저드 내에 드롭하거나 1벌타 받고 해저드 밖의 거리에 상관없이 후방선상에서 드롭할 수 있다.

> tip _ 볼이 워터 해저드(래터럴 워터 해저드 포함) 내의 두더지나 쥐에 의해 생긴 구멍이나 배설물 또는 통로에 위치한 경우 플레이어는 볼이 있는 상태로 진행을 하거나 1벌타 받고 홀 방향의 후방선상에서 드롭할 수 있다.

2 | 티 샷 볼이 페어웨이 중앙으로 잘 갔는데 분실되었고 페어웨이에 생긴 구멍에 들어간 것으로 추측된다면 근거가 있어야 하며, 근거가 없을 경우 분실구로 처리된다.

🏌 워터 해저드(래터럴 워터 해저드 포함)

1 | 볼이 워터 해저드(황색 말뚝)나 래터럴 워터 해저드(빨간 말뚝)에 빠지거나 그쪽 방향으로 분실된 경우에 어떻게 처리하는지 알아보자.

① 1벌타 받고 워터 해저드(황색 말뚝) 후방선상 볼이 워터 해저드를 넘은 지점과 홀 방향을 연결하는 선에 거리 제한 없이 드롭할 수 있다.

② 1벌타 받고 래터럴 워터 해저드(빨간 말뚝) 후방선상에 2클럽 이내 드롭한다.

③ 어드레스 때 클럽 헤드가 지면이나 수면에 닿지 않고 샷을 한다면 벌타 없이 진행할 수 있다.

2 | 연못 위에 놓인 다리는 워터 해저드 규칙(제26조)의 해저드 구역의 한계에 의해 수직으로 적용되므로 다리 위에 멈춘 볼도 해저드 안이 되는 것이다. 따라서 클럽 밑을 닿지 말고 볼을 치든지 1벌타 받고 드롭해야 한다.

🏌 오비(OB)

1 | OB(Out of Bounds)로 판정되면 무조건 원위치로 돌아가서 플레이해야 하며 1벌타 적용된다.

2 | OB 말뚝은 원형과 사각으로 나누어져 있으며 근접한 말뚝을 기준으로 전후방에 선을 이어 페어웨이 쪽으로 조금이라도 볼이 걸쳐 있으면 OB가 아니다.

3 | OB 구역 표시는 처음 시작할 때 말뚝 2개를 동시에 꽂아 놓고 선상에 따라 1개씩 꽂아 가다가 끝나는 지점에서 말뚝 2개를 꽂기 때문에 이 구역을 벗어나면 OB 선상이 아니다.

🏌 잠정구

1 | 잠정구(Provisional ball)는 타구가 워터 해저드를 제외한 분실 또는 OB 될 염려가 있는 경우, 그 결과를 확인할 수 없어 잠정적으로 치는 볼을 말한다.

2 | 원구로 계속 플레이를 할 수 없을 땐 되돌아와서 샷을 해야 하며 시간을 절약하기 위한 이유로 잠정구 친 볼이 불확실할 때는 몇 번이고 잠정구를 연속해서 칠 수 있다.

3 | 잠정구를 칠 때는 반드시 상대방에게 어떤 볼을 치는지 통보하고 쳐야 한다.

> tip_ 티 샷(1타)＋OB 벌타(1타)＋잠정구(1타)＋페어웨이에 살아 있는 잠정구를 치게 되면 4타째가 된다.

🏌 언플레이블 볼

언플레이블 볼(Unplayable ball)은 워터 해저드를 제외한 도저히 칠 수 없는 상황에 볼이 놓였을 때 플레이어는 1벌타 적용하고 드롭해서 플레이하는 것이다.

선택은 전적으로 플레이어에게 달려 있고 다음 3가지 상황 중 선택한다.

① 볼이 착지한 볼과 핀(깃대) 사이의 연장선 라인으로 무한정 뒤에서 드롭할 수 있다.

② 볼을 친 곳으로 돌아가서 샷 했던 지점에서 드롭할 수 있다. 전에 티 샷이었으면 다시 티 샷을 할 수 있다.

③ 볼이 차지한 곳에서 2클럽 이내에서 드롭할 수 있다. 볼을 집어 들기 전에 우드 클럽 2개를 이용해 표시와 마크를 하고 홀 방향으로 먼 쪽에 볼을 드롭한다.

🏌 로컬 룰

1 | 로컬 룰(Local rule)은 코스가 위치한 곳의 지리적 특성이나 계절적 변화, 또는 코스의 특이한 시설 때문에 발생할 수 있는 해당 골프장의 룰을 말한다.

2 | 일반적으로 로컬 룰은 스코어 카드 뒷면에 기록되어 있다.

3 | 해당 골프장의 로컬 룰을 미리 알아 두어야 합법적으로 구제받을 수 있다.

🏌 벌타의 종류

	상황	벌타	참고
필수 조항	플레이 선의 지시(홀 선상 방향 표시)	2	8조 2항
	플레이 중 고의적으로 에티켓에 어긋나는 행위를 한 경우	실격	33조 7항

	상황	벌타	설명
티잉 그라운드	채를 14개 이상 소지한 경우	2	홀당 2벌타, 18홀에 최고 4벌타까지만 적용
	티에서 치는 순서가 바뀌는 경우	0	다시 치지 않고 그대로 경기 진행
	티와 티 사이를 벗어나 티 샷 한 경우	2	티 구역 안에서 다시 쳐야 한다.
	티업한 볼이 티에서 떨어진 경우	0	벌타 없이 다시 티업해서 친다.
	울퉁불퉁한 부분을 발로 밟아서 개선	0	티잉 그라운드에 한해서 가능
	OB 또는 분실구	1	처음 친 것 1타와 벌타 1타. 제자리에서 치면 3타째가 된다.
	잠정구라 선언 없이 쳤을 때	1	원구는 분실구로 처리됨
	몇 번 채로 쳤는지 물어보았을 때	0	조언이 아닌 단순 질문
스루 더 그린	해저드나 거리 표시목을 뽑고 쳤을 때	0	움직일 수 있는 장애물
	OB 말뚝을 뽑고 쳤을 때	2	움직일 수 없는 장애물
	볼을 클럽 헤드로 치지 않은 경우	2	샤프트나 그립으로 칠 때(헤드의 뒷면은 무방)
	볼을 칠 때 캐디가 우산을 받쳐 주는 경우	2	볼을 치지 않을 때는 0벌타
	볼이 채에 두 번 맞았을 때	1	친 것 1타 벌타 1개 합이 2타가 됨
	움직이고 있는 볼을 쳤을 때	2	흐르는 물속에서 움직이는 볼은 0벌타
	오구 볼을 쳤을 때	2	다음 홀 치기 전 정구를 쳐야 실격 처리 안 됨
	자기 볼을 움직였을 때	1	원위치에 놓고 쳐야 함. 위치 이동 없으면 2벌타
	어드레스 잡은 후에 볼이 움직이면	1	원위치 이동 없으면 2벌타
	자연 장애물을 치우다 볼이 움직이면	1	원위치 이동 없으면 2벌타
	볼 근처 라인을 개선하는 경우	2	볼 뒤를 밟거나 채로 고의로 누르는 경우
	동반자의 볼을 움직였으면	0	원위치에 놓고 쳐야 함. 위치 이동 없으면 2벌타
	국외자가 볼을 움직였으면	0	볼은 원위치 이동
	어드레스 모양을 만드는 경우	2	발 밑에 나무나 돌을 놓고 스탠스를 잡는 경우
	볼이 본인 캐디나 본인 백에 맞은 경우	2	볼이 멈춘 자리에서 친다.
	볼이 동반자에 맞거나 동반자의 캐디나 백에 맞았을 때	0	볼이 멈춘 자리에서 친다.
	볼과 볼이 충돌한 경우	0	볼이 멈춘 자리에서 친다.
	드롭 방법을 틀리게 했을 경우	0	치기 전에 시정하면 무벌타
	경사면의 공을 치기 위해 왼손으로 나무를 잡고 오른손으로 공을 쳤다.	0	
	닦아서는 안 되는 상황에서 볼을 닦으면	1	

구분	상황	벌타	비고
워터 해저드 · 병행 워터 해저드	워터 해저드에 볼이 빠지면(황색 말뚝)	1	병행 워터 해저드도 같음(빨간 말뚝)
	볼의 일부가 보이는데도 나뭇잎이 덮여서 자연 장애물을 치운 경우	2	볼이 전혀 안 보일 때 일부가 보일 정도까지 치우는 것은 괜찮음
	인공 장애물을 치운 경우	0	과자 봉지, 담배꽁초 등을 치우다 볼이 움직여도 상관없음
	클럽이나 골프백을 내려놓은 경우	0	라이 개선이나 테스트가 아니므로
	해저드 내에서 오구를 쳤을 때	0	해저드 내에서는 볼을 확인할 수 없으므로
	백스윙을 하다 물이나 모래에 스쳤을 때	2	다운스윙 때는 닿아도 됨
	연습 스윙 하다 풀에 접촉한 경우	0	라이를 개선하거나 테스트한 게 아니므로
퍼팅 그린	남의 퍼팅 라인을 고의적으로 밟았을 때	2	고의성이 없으면 0벌타
	그린 위에서 친 볼이 잡고 있는 깃대나 빼놓은 깃대에 맞았을 때	2	
	그린 위에서 친 볼이 깃대를 잡고 있는 사람에게 맞았을 때	2	
	그린 위에서 친 볼이 동반 경기자의 그린 위에 있는 볼에 맞았을 때	2	
	그린 위의 자연 장애물을 손, 채, 수건, 장갑 등으로 치웠을 때	2	
	그린 지면을 테스트했다면	2	
	바람에 움직인 볼을 그대로 친 경우	0	
	퍼팅 시 퍼팅 선상이나 후방선상에 캐디가 서 있으면	2	
	퍼팅 선상의 골프화 자국을 수리 시	2	
	동반자끼리 동시에 친 볼이 충돌하면	2	순서를 지키지 않은 사람만 2벌타(홀에서 가까운 자), 멀리서 친 사람은 0벌타. 각자 원위치에서 다시 친다.

▲ 룰, 에티켓 참조(대한골프협회)

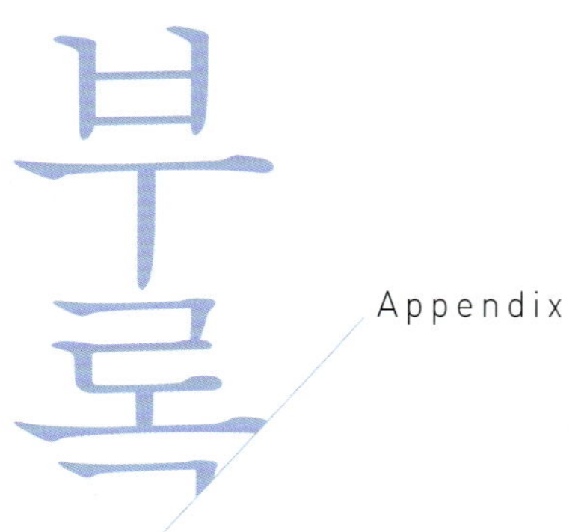

골프 용어 해설

ㄱ

갤러리	gallery	골프 시합을 구경하는 사람.
고블	gobble	그린 위에서 볼을 과감하게 쳐서 홀에 넣는 것.
골프 코스	golf course	골프 경기를 하기 위해 만들어진 그라운드.
그로스	gross	1라운드의 스트로크 수의 총 계수.
그린	green	퍼팅(putting)을 하는 구역을 말함.
그린 키퍼	green keeper	코스를 관리하는 사람.
그린 피	green fee	골프 코스의 사용료.

ㄴ

| 낫소 | nassau | 1라운드에서 아웃, 인, 토털 3종의 승부를 하는 게임 방식으로 매치 플레이를 할 때 주로 적용한다. |

내추럴 그립	natural grip	그립의 한 방법으로 야구 배트를 쥐듯이 쥔다. 베이스 볼 그립이라고도 함.
네버 업 네버 인	never up never in	"홀을 지나가지 않은 볼은 홀에 결코 들어가지 않는다."는 뜻으로 퍼트에서 볼이 홀을 지나가게 쳐야 한다는 교훈의 말이다.
네크	neck	클럽 헤드가 샤프트와 연결되는 부분.
네트 스코어	net score	1라운드의 총 타수에서 자기 핸디캡을 뺀 타수를 말함. 그냥 네트라고도 표현한다.
노 리턴	no return	플레이어가 경기를 포기하고 스코어 카드를 제출하지 않는 것.
니블리크	niblick	9번 아이언을 말함.

ㄷ

다운	down	플레이 중에 지는 상황을 말함. 플레이어가 상대방에게 지고 있는 홀 수 또는 스트로크 수를 말함. 매치 플레이일 경우 원 다운, 투 다운으로 표현한다.
더블 보기	double bogey	파(par)보다 2타 많게 친 타수.
더블 이글	double eagle	파 5의 홀을 2타로 넣을 때 타수로 앨버트로스와 같은 뜻.
더퍼	duffer	뒷땅을 쳐서 미스를 자주 범하는 사람으로 주로 골프 초보자를 표현함.

도그 레그	dog leg	페어웨이 모양이 강아지 뒷다리 모양으로 휜 홀을 비유. 도그 레그 홀(dog leg hole)의 약칭이다.
도르미	dormie	매치 플레이에서 승리 홀의 수와 아직 플레이하지 않은 나머지의 수가 동일한 상황을 표현함.
드라이버	driver	우드 1번. 최장 거리를 치기 위해 클럽 중 가장 길고 로프트가 가장 낮은 페이스를 갖고 있다.
드라이빙	driving	드라이버로 친 볼.
드롭	drop	규정에 의해 볼을 주워 다른 위치에 떨어뜨리는 것. 볼을 들고 똑바로 선 다음 어깨높이에서 팔을 완전히 편 후 떨어뜨려야 한다.
딤플	dimple	볼 표면의 움푹 파인 부분.

ㄹ

라스트 골	last goal	1년 중 가장 마지막으로 하는 시합으로 대부분 그 해의 마지막 일요일에 경기를 한다.
라운드	round	플레이하면서 코스를 도는 것. 18홀 코스를 전부 일주하는 것을 원 라운드라 표현한다.
라이	lie	공이 놓여 있는 상태와 장소의 상태.

라인	line	방향을 정하기 위해 볼과 목표물을 연결하는 선.
라인 업	line up	퍼팅에서 볼과 홀을 연결하는 선을 눈으로 결정하는 것.
라인 오브 플라이트	line of flight	볼의 위치에서 판단하여 볼과 목표점을 연결한 직선 및 연장선을 말하며, 비구선이라고도 말함.
래터럴 워터 해저드	lateral water hazard	홀에 병행해 있는 개천, 연못 등의 장애물을 말함.
러브 오브 더 그린	rub of the green	움직이고 있는 볼이 국외자로 인해서 멈추거나 움직이는 방향이 변화가 일어난 경우.
러프	rough	그린 및 해저드를 제외한 페어웨이 이외의 코스 내 바깥 부분.
레귤러 티	regular tee	일반적으로 사용하는 티.
레이아웃	layout	코스의 설계와 코스의 배치.
레퍼리	referee	심판원이란 말로, 골프에서는 원칙적으로 플레이어 자신이 레퍼리가 된다.
레프트 핸드 플레이어	left hand player	왼손 플레이어.
렝스	length	거리.
로스트 볼	lost ball	분실구(없어진 볼)와 같음.
로스트 홀	lost hole	진 홀. 매치 플레이 용어.
로컬 룰	local rule	각 골프장의 특수 조건 때문에 그 코스에서만 적용되는 지역적인 규칙.

로프트	loft	클럽 페이스의 누워 있는 각도.
롤 오버	roll over	볼을 친 후 클럽을 쥔 양손을 돌리는 것.
롱 아이언	long iron	1번부터 3번까지의 아이언을 말함.
루스 임페디먼트	loose impediment	코스 내에 내버려진 고정되지 않는 자연물로 잎사귀, 나뭇가지 등.
룩 업	look up	볼을 치는 순간 고개를 드는 것. 헤드 업이라고도 한다.
리커버리 샷	recovery shot	실책을 한 샷을 만회하기 위해 다음번에 잘 치는 샷.
리콜	recall	반칙에 따라 상대방 플레이어에게 다시 치도록 요구하는 것.
리플레이스	replace	룰에 따라서 볼을 원위치로 옮겨 놓는 것.
링크스	links	해변 코스를 의미한다.

ㅁ

마스터 아이	master eye	볼을 볼 때 주로 쓰는 한쪽 눈.
마커	maker	경기의 스코어를 기록하는 플레이어. 동행 경기자는 마커의 역할을 하게 된다.
매시	mashy	5번 아이언 클럽.
매시 니블릭	massie niblick	7번 또는 8번 아이언 클럽.

매치 플레이	match play	경기 방식의 일종으로 홀 매치라고도 하며 2인 또는 2조로 각 홀별 승패를 결정한다.
미들 아이언	middle iron	4번, 5번, 6번의 아이언.
믹스드 포섬	mixed foursome	남녀 혼합으로 시합하는 플레이. 투 볼 포섬과 같지만, 짝은 반드시 남녀로 구성되어야 함.

ㅂ

백 스윙	back swing	클럽을 후방으로 멀리 보내는 동작.
백 스핀	back spin	타구가 날아가는 방향과는 반대로 회전하여 착지 후 잘 굴러가지 않는다.
백 티	back tee	프론트 티보다 뒤쪽에 있는 티로 코스의 정규 길이는 백 티에서부터 계산된다.
버디	birdie	파(par)보다 1타 적게 친 타수.
버피	buffy	우드 4번 클럽.
벙커 샷	bunker shot	벙커 안의 볼을 그린 또는 페어웨이로 쳐내는 것. 벙커 샷일 때에는 클럽을 모래에 접촉시켜서는 안 된다.
벙커	bunker	웅덩이에 모래를 쌓아 둔 곳. 벙커에는 페어웨이에 있는 윙 벙커, 사이드 벙커, 그린 주변에 있는 그린 벙커 3가지가 있다.

베스트 볼	best ball	2인이 팀을 이루고 가장 적게 친 볼을 베스트 볼이라고 한다. 경기에서는 1인이 2인 이상으로 대항해서 각 홀 최소 타수를 얻은 사람과 대항하는 것을 베스트 볼 매치라고 한다.
보기	bogey	기준 타수(par)보다 하나 많은 타수를 뜻함.
보기 플레이어	bogey player	1홀 평균 스코어로 보기(bogey)를 치는 골퍼. 1라운드 90타를 평균적으로 치는 플레이어로 애버리지 골퍼와 같은 뜻이다.
볼	ball	공을 뜻함. 최소한 지름 42.67mm 이상, 무게 45.93g을 넘으면 안 된다. 만약 45.93g보다 무거울 경우 더 멀리 날아갈 수 있기 때문이다.
부비 메이커	booby maker	경기에서 최하위자.
브라시	brassie	우드 2번 클럽.
블라스트	blast	벙커에서 모래를 폭발시키듯 크게 치는 샷.
블라인드 홀	blind hole	티 그라운드에서 그린이 가려져 보이지 않는 홀.
블로	blow	강타 또는 힘을 들여 치는 것을 말함.

사이드	side	투 볼 포어섬 또는 베스트 볼 매치인 경우 플레이하는 조는 두 개의 사이드로 성립되며 사이드에 속하는 상대방을 파트너라고 한다.
사이드 벙커	side bunker	페어웨이의 양쪽 끝 옆에 있는 벙커.
사이드 블로	side blow	볼 옆을 튀겨 보내듯이 치는 것.
사이드 스핀	side spin	볼이 옆으로 회전하는 것.
사이드 힐 라이	side hill lie	볼이 내리막 경사나 오르막 경사, 즉 비탈진 곳에 놓인 것을 말한다. 볼보다 높은 위치에서 샷을 할 때는 클럽을 길게 잡고 무게 중심을 발 뒤쪽에 둔다. 볼보다 낮은 위치에서는 클럽을 짧게 잡고 하프 스윙한다.
샌드 아이언	sand iron	벙커의 모래에서 치기 쉽게 만들어진 아이언 클럽.
샌드 웨지	sand wedge	벙커의 모래에서 샷용으로 설계된 클럽으로 페이스의 로프트 각도가 크며 바닥이 넓고 둥글다.
생크	shank	주로 클럽 헤드와 샤프트의 접합부에 볼이 맞아 급격하게 오른쪽으로 날아가는 타구.
샤프트	shaft	클럽의 자루를 말한다.
샷	shot	클럽으로 볼을 치는 것.
서든 데드	sudden death	플레이오프(play off)에서 1홀 때마다 승패를 결정하는 방식.

세트	set	전체 클럽 용품. 또는 경기가 종료된 것을 말한다.
셋 업	set up	공을 치기 위해 자세를 잡는 것.
소켓	socket	샤프트와 클럽 헤드가 연결되는 부분.
솔	sole	클럽 헤드의 밑면 부분.
쇼트 게임	short game	6번 이하의 아이언을 사용하는 어프로치에 속하는 단거리 플레이 방법.
쇼트 아이언	short iron	7~9번의 짧은 아이언.
쇼트 어프로치	short approach	가까운 거리의 어프로치.
스냅	snap	볼을 치는 순간 손목에 힘을 주어 탄력을 갖는 것.
스웨이	sway	스윙 중에 몸(스윙)의 중심선이 좌우상하로 움직이는 모양.
스위트 스폿	sweet spot	클럽 페이스에 타구가 가장 잘 맞는 중심점.
스윙 밸런스	swing balance	클럽을 휘둘렀을 때 헤드 부분이 무겁거나 가볍게 느끼는 무게.
스코어	score	각 홀의 타수, 혹은 총 타수.
스쿠프	scoop	아이언 클럽으로 볼을 띄우듯이 쳐 올리는 것.
스퀘어 스탠스	square stance	스탠스의 기본으로, 비구선과 평행하게 두 발의 위치를 정하는 자세.
스크래치	scratch	핸디캡을 붙이지 않고 플레이하는 것.

스타이미	stymie	볼과 홀을 연결하는 타구선상에 장애물(상대방의 공)이 있는 상태.
스탠스	stance	볼을 치기 위해서 발의 위치를 정한 기본자세.
스트로크	stroke	타수를 세며 공을 치는 것.
스트로크 플레이	stroke play	가장 대표적인 경기로 타수를 세면서 치는 플레이를 한 후 각 홀의 총 타수를 비교해서 수가 가장 적은 사람이 승자가 되는 게임.
스페이드 매시	spade massie	6번 아이언 클럽.
스푼	spoon	3번 우드.
슬라이스	slice	타구가 오른쪽으로 크게 휘는 구질.
슬로 백	slow back	천천히 여유 있게 클럽을 백스윙 하는 것.
식스 포인트 매치	six point match	3인 1조로 돌 때 쓰이는 것으로 각 홀에 6점씩 배당되어 있는 게임.
싱글	single	핸디캡이 9(81타) 이하 1(73타)까지의 플레이어.

ㅇ

| 아마추어 | amateur | 보수 또는 이익을 목적으로 하지 않고, 골프를 스포츠로서 순수하게 즐기며 플레이하는 사람을 말한다. |
| 아웃 | out | 아웃코스, 18홀의 전반, 1~9번 홀을 말한다. |

아웃사이드 에이전시	outside agency	경기자 측과 관계없는 국외자, 마커, 심판원 등을 말한다.
아웃사이드 인	outside in	클럽 헤드가 타구 라인보다 바깥쪽에서 안쪽으로 휘둘러지는 것.
아웃 오브 바운드	out of bounds	코스 구역 밖의 플레이 금지 구역으로, OB라 약칭하며 흰 말뚝으로 명시(말뚝의 안쪽이 경계선).
아이언 클럽	iron club	헤드 부분이 금속으로 이루어진 클럽을 말하며 길이, 무게, 각도 등의 차이에 따라 1번 아이언부터 9번 아이언까지 있다.
아이언 플레이	iron play	아이언 클럽을 사용해서 플레이를 하는 것.
아크	arc	스윙에서 클럽 헤드가 휘둘러지는 궤도.
애버리지 골퍼	average golfer	18홀에서 핸디캡이 18 정도의 기량을 가진 골퍼로, 중간 정도의 기량을 지닌 일반 골퍼를 말한다.
애버리지 스코어	average score	스트로크 플레이로 각 홀의 합계 타수를 평균한 스코어.
앨버트로스	albatross	1홀의 기준 타수보다 3타 적은 수로 홀인하는 경우. 가령 파(par) 5의 홀을 2타에 넣었다면 이에 해당한다.
어드레스	address	플레이어가 볼을 치기 위해 발의 위치를 정하고 클럽 헤드를 지면에 놓고 클럽 페이스를 볼에 가깝게 붙인 상태.

어드바이스	advice	플레이어에 대한 클럽의 선택, 스트로크의 방법에 대해서 조언하는 것을 말한다. 룰에는 해당이 안 되며, 만약 룰에 대한 조언을 받아들이면 2벌타가 부가된다.
어테스트	attest	스코어 카드에 마커가 틀림없음을 증명하는 서명.
어프로치	approch	'붙이다'의 뜻으로 그린에 가까운 지역에서의 샷.
언더 리페어	under repair	코스 안에 있는 수리 지역.
언더 스핀	under spin	공의 역회전으로 백스핀과 같음.
언더 파	under par	기준 타수(par)보다 적은 타수.
언더 핸디캡	under handicap	규정된 기준 타수보다 적은 타수로 핸디캡을 붙이는 것.
언듈레어션	undulation	코스 내 지면의 기복. 평평한 경우는 플랫(flat)이라 표현함.
언코크	uncock	스윙할 때 코킹한 손목을 원상태로 다시 펴 주는 동작.
언플레이어블 라이	unplayable lie	치기 불가능한 상태에 놓였을 때 볼의 위치.
업	up	매치 플레이에서 이긴 횟수가 상대보다 많을 때 1up, 2up 등으로 부른다.
업힐 라이	uphill lie	업힐에 볼이 놓여 있는 상태.
에이지 슈터	age shooter	18홀을 자기의 연령 이내의 스코어로 플레이한 자.
에이프런	apron	페어웨이에서 그린에 이르는 입구 부분.

에지	edge	홀, 그린, 벙커 등의 가장자리.
엑스트라 홀	extra hole	규정된 홀 안에서 승패를 결정하지 못해서 연장전을 할 때 쓰이는 홀을 말한다.
오너	honour	티 그라운드에서 제일 먼저 치는 플레이어 말한다. 그 이후에는 앞 홀에서 타수가 적은 사람이 다음 티 오너의 자격이 주어진다.
오버	over	타수가 기준 타수보다 많은 것.
오버 스윙	over swing	톱 오브 스윙에서 클럽이 270도보다 크게 백스윙 되는 자세.
오버 스핀	over spin	볼이 날아가는 방향과 같은 방향으로 회전.
오버래핑 그립	overlapping grip	오른손의 새끼손가락을 왼손의 검지와 중지 사이에 끼고 그립을 잡는 방법.
오브스트럭션	obstruction	인공적 장애물.
오비	OB	아웃 오브 바운드(out of bounds)의 약자로 흰 말뚝으로 표시한 플레이 금지 구역.
오즈	odds	경기를 할 때 약한 상대에게 주는 핸디캡.
오퍼넌트	opponent	매치 플레이에서 함께 경기하는 상태를 표현함.
오픈 게임	open game	프로와 아마추어가 함께 겨루는 시합.
오픈 스탠스	open stance	왼발이 목표를 향해 열린 자세.
오픈 챔피언십	open championship	프로와 아마추어가 함께 출전 자격이 있으면 참가할 수 있는 선수권 시합.
오픈 토너먼트	open tournament	지역적으로 열리는 오픈 시합.

오픈 페이스	open face	클럽 페이스를 수직보다 조금 열리게 놔 두는 것.
오피셜	official	공식적인 경우를 말함. 오피셜 토너먼트 등.
오피셜 핸디캡	offical handicap	공식적으로 인정받은 핸디캡.
온	on	볼이 그린 위에 놓인 것.
온 그린	on green	볼이 그린 위에 올라간 상황.
와인드 업	wind up	백스윙을 하면서 신체를 함께 비트는 자세.
우든 클럽	wooden club	클럽 헤드가 나무로 만들어진 클럽으로 우드라고도 한다.
워터 해저드	water hazard	코스 내에 있는 강, 호수, 연못, 습지 등 물과 관련 있는 장애물을 말한다.
원 라운드	one round	코스를 돌며 18홀을 플레이하는 것.
원 샷 홀	one shot hole	티 그라운드 등에서 1타만으로 볼을 그린 위에 올려놓는 것.
원 온	one on	볼을 1타로 그린에 올리는 것.
웨이트 시프트	weight shift	스윙의 과정에서 체중 이동의 상태를 말함.
웨지	wedge	바닥이 넓고 로프트 각이 높은 아이언 클럽. 피칭 웨지, 로브 웨지, 샌드 웨지 등이 있다.
위닝 샷	winning shot	승리를 결정하는 타구.
이글	eagel	홀의 기준 타수보다 2타 적은 타수로 홀인하는 것.
이미지너리 라인	imaginary line	볼과 홀을 이은 선을 그린 위에 상징하는 것으로 그 선상에 볼을 치는 것처럼 한다.

이븐	even	타수가 같아서 서로 승패를 가리지 못할 때를 말한다.
익스플로전 샷	explosion shot	벙커에서 볼과 모래를 함께 강타해서 탈출시키는 샷.
인	in	18홀 중 후반의 9홀.
인 바운드	in bound	플레이할 수 있는 구역.
인 코스	in course	18홀 중 후반 9홀로 10번부터 18번까지를 말함.
인 플레이	in play	티에서 볼을 스트로크하기 시작해서 플레이어가 홀에 넣을 때까지 볼이 살아 있는 상태를 말함.
인사이드 아웃	inside out	클럽 헤드를 볼의 비구선 안쪽에서 바깥쪽으로 쳐내는 스윙.
인터로킹 그립	interlocking grip	오른손의 새끼손가락을 왼손의 검지와 중지 사이에 깍지 끼는 모양으로 그립을 잡는 방법.
인텐셔널	intentional	의식적으로 볼을 커브로 타구하는 것으로 '인텐셔널 훅'이라고도 한다.
임팩트	impact	클럽 페이스가 골프 볼에 맞는 순간.

잠정구	provisional ball	먼저 친 볼이 OB로 불명확할 때 잠정적으로 치는 볼.
제너럴 룰	general rull	기본이 되는 규칙으로 대한골프협회가 정한 규칙.
지거	jigger	아이언 클럽의 일종으로 미드 아이언과 매시의 중간 클럽.
챔피언 코스	champion course	공식 선수권 경기를 갖춘 코스. 길이는 6,500미터 이상으로 규정되어 있다.
칩 샷	chip shot	어프로치 샷의 일종으로 그린에 떨어진 볼이 많이 구르는 샷이다.
칩 인	chip in	칩 샷으로 볼이 홀에 들어가는 상황.

카드	card	스코어 카드.
캐디	caddie	플레이어를 따라다니면서 클럽을 운반해 주며 보조 역할을 하는 사람.
캐디 카트	caddie cart	캐디백을 싣고 다니는 전용 자동차.
캐리	carry	볼이 공중에 떠서 날아간 거리.

캐리 오버	carry over	경기가 규정된 홀 수에서 승부가 나지 않았을 때 다시 하는 것을 말하며, 1홀에서 동점일 경우 승패를 다음 홀에서 결정한다.
커밍 인	comming in	코스 후반의 9홀을 말하며 클럽 하우스로 되돌아오도록 설계되어 있는 것이 대부분이다.
커트	cut	볼을 비스듬하게 깎아 치는 타법.
컨트리 클럽	country club(C.C)	모든 걸 갖춘 전원 클럽이란 뜻이었으나 지금은 대부분의 멤버십 골프 클럽에 이 명칭을 쓴다.
컵	cup	그린 위에 있는 홀 컵.
컵 업	cup up	볼을 높이 올리는 것.
코스	course	골프 플레이를 위해 만든 지역 전체를 말한다.
코스 레이팅	course rating	코스의 거리에서 산출한 것을 파(par)라고 하는데, 여기에 지형 조건 등의 난이도를 따져서 산출한 기준 타수를 말한다.
코스 레코드	course record	각 코스에서 공식적으로 인정한 경기에서 최저 스코어의 기록.
코크	cock	손목의 굴절 동작.
콘시드	concede	그린에서 홀컵에 볼을 근접시켰을 때 마무리 퍼트는 홀인 가능으로 인정하고 다음 퍼트를 생략해 주는 일. 흔히 OK라고 표현하며, 매치 플레이에서만 허용된다.
콤팩트	compact	정확하고 빈틈없는 스윙을 말한다.
쿼터 스윙	quarter swing	백스윙 1/4 정도.

크로스 벙커	cross bunker	페어웨이를 가로지르는 벙커.
크로스 윈드	cross wind	옆에서 불어오는 바람으로 횡풍이라고도 한다.
클럽	club	골프 용구로 볼을 칠 때 쓰는 도구.
클럽 렝스	club length	드롭 지역에서 클럽의 길이 내로 드롭할 때 규정한 클럽의 길이를 말함.
클럽 페이스	club face	클럽 헤드의 볼을 치는 타구면.
클로즈드 스탠스	closed stance	볼의 비행선과 평행한 상태에서 오른발을 뒤로 약간 빠진 자세를 말함.
클린	clean	아이언으로 잔디나 모래를 건들지 않고 볼만 치는 것.

E

타이	tie	동점. 경기에서 최소 타수의 사람이 2명 이상 있을 때 이것을 타이라고 한다.
터프	turf	잔디란 뜻이며 뒷땅 치는 동작을 말하기도 함.
턴 오버	turn over	클럽을 쥔 양손을 왼쪽에서 오른쪽으로 돌릴 때 양손을 턴 오버시켰다고 함.
테이크 백	take back	클럽 헤드를 뒤쪽으로 멀리 보내는 동작.

텍사스 웨지	Texas wedge	그린 밖에서 퍼터로 굴려서 가까이 붙인다는 데서 생긴 퍼터의 별명을 말함.
톱	top	백스윙의 정점 또는 볼의 상부를 치는 것.
톱 오브 스윙	top of swing	백스윙의 최정점.
투	to	매치 플레이의 용어로 이제부터 플레이해야 할 남은 홀수에 'to go' 혹은 'to play'를 붙여서 계산한다.
투 고	to go	매치 플레이를 할 때 플레이가 끝나지 않은 홀 수를 세는 데 쓰인다.
투 볼 포섬	two ball foursome	매치 플레이에서 2명이 1조가 되어 하나의 볼을 번갈아 가며 치는 경기.
투 쇼터	two shotter	파 4의 홀로 2타를 쳐서 그린에 온 시켜야 하는 상황을 말함.
트랩	trap	볼이 처박히는 벙커나 웅덩이의 장애물을 말함.
트러블 샷	trouble shot	볼을 치기 어렵고 곤란한 러프 등에서 하는 샷.
티	tee	각 홀에서 제1타를 치는 구역.
티 그라운드	tee ground	각 홀의 제1타를 치기 위한 지역.
티 마크	tee mark	티 그라운드를 표시하는 두 개의 표식.
티 샷	tee shot	티 그라운드에서 볼을 치는 동작.
티 업	tee up	볼을 치기 위해 티 위에 볼을 놓는 것.

파	par	홀에 정해진 기준 타수.
파트너	partner	매치 플레이에서 같은 팀원을 표현. 스트로크 플레이어에서 함께 뛰는 플레이어는 동반 경기자라 표현.
팔로 스루	follow through	타구 때 클럽 헤드의 움직임이 정지하지 않고 비구선을 따라 임팩트 이후의 동작.
팔로 윈드	follow wind	볼이 날아가는 방향으로 부는 바람.
팜 그립	plam grip	야구 배트를 잡듯이 양 손바닥으로 그립을 잡는 방법.
패스	pass	앞 팀이 뒤에 따라오는 팀을 통과시키는 것.
패스트 그린	fast green	볼의 미끄러짐이 빠른 그린.
퍼터	putter	그린 위에서 홀을 향해 볼을 넣는 전용 클럽.
퍼트	putt	퍼터(putter)와 같은 뜻. 그린 위에서 홀을 향해 볼을 넣는 전용 클럽.
퍼팅	putting	그린에서 볼을 홀에 넣기 위해 스트로크하는 것.
퍼팅 라인	putting line	그린 위에서 볼과 홀을 연결하는 선.
페널티	penalty	벌타. 위반에 대한 여러 가지 벌타가 규정되어 있다.
페어웨이	fair way	티와 그린 사이의 잘 손질된 잔디.
페오리아 메소드	peoria mathod	핸디가 없는 사람이 경기 후 6홀의 스코어를 산출하여 핸디를 정하는 편법.

페이드	fade	친 볼이 똑바로 가다가 오른쪽으로 약간 휘는 것.
페이스	face	클럽의 타구면.
포어	fore	볼이 날아가 남의 몸에 부딪칠 듯한 상황에서 외치는 경고 메시지.
포워드 프레싱	foward pressing	백스윙을 하기 전에 탄력을 얻기 위해 하는 예비 동작.
포인트 터니	point tourney	득점 경기에서 파는 1점, 버디는 2점, 이글은 3점 등 점수를 정하고 그 합계 점수가 많은 사람이 이기는 시합이다.
푸시	push	목표보다 오른쪽으로 치는 것.
푸시 샷	push shot	오른쪽으로 휘지 않고 똑바로 날아가는 구질.
풀	pull	왼쪽으로 똑바로 날아가게 치는 것.
프로비저널 볼	provisional ball	OB 또는 워터 해저드에 볼이 들어가거나 분실했을 때 그 위치에서 대신 치는 볼.
플래그	flag	홀에 꽂혀 있는 깃발 또는 핀.
플러스 플레이어	plus player	핸디캡이 0보다 높은 플레이어로 플러스 1이라든가 플러스 5의 플레이어라고 표현한다.
플레이 오프	play off	연장전 또는 재경기.
플레이스	place	볼을 들어 다시 놓는 것.
플루크	fluke	예기치 않은 행운의 샷으로 우연히 맞는 것.
피니시	finish	타구의 완성 자세. 경기 최후의 홀을 끝내는 것.

피벗	pivot	허리의 회전으로 비트는 것.
피치 샷	pitch shot	쇼트 어프로치 기술이며 백스핀을 걸어 볼을 목표 지점에 떨어진 후 정지하도록 치는 타법.
피치 앤드 런	pich and run	볼이 그린에 낙하한 후 많이 구르게 하는 타법으로 어프로치 샷의 일종이다.
픽 업	pick up	볼을 주워 올리는 것.
핀	pin	홀에 꽂힌 깃대.

ㅎ

하프	half	스코어가 동수인 것. 즉 홀이 동수의 스트로크, 핸디캡에 의해 양자가 동점이 되는 것.
하프 샷	half shot	풀 스윙의 반 정도 힘으로 치는 샷. 거리에 따라 백스윙을 줄여서 타구하는 것을 말한다.
해저드	hazard	코스 내에 설치된 호수, 연못, 벙커 등의 장애물.
핸드 업	hand up	어드레스에서 손을 몸에서 띄우는 자세를 말하며, 반대는 핸드 다운이다.
핸디캡	handicap	스코어를 균등하게 하기 위해 기량 차이가 있는 플레이어에게 미리 정해 주는 타수.

핸디캡 디퍼렌셜	handicap differential	10매의 베스트 스코어 카드에서 야디지 레이팅을 뺀 것의 100분의 85를 핸디로 정하는 것을 말한다.
홀	hole	그린에 볼을 넣는 구멍.
홀레이블 디스턴스	holable distance	원 퍼트로 홀인을 시킬 수 있는 근거리.
홀 매치	hole in one	홀에 볼을 넣어 한 홀의 플레이가 끝나는 경기.
홀 아웃	hole out	한 홀의 플레이가 끝나는 것.
홀인원	hole in one	티 그라운드에서 샷 한 번만으로 홀에 볼을 넣는 것.
홈	home	18번의 그린이나 후반의 홀을 말한다.
홈 코스	home course	자기가 소속한 클럽의 코스.
훅	hook	볼의 비구선보다 왼쪽으로 많이 휘는 것.